十九札

一位北大教授给学生的信

第4版

朱青生

北京联合出版公司
Beijing United Publishing Co.,Ltd.

目 录

1. 大学的意义和性质　1
人性　自我发展　理性　大学　科学
方法

2. 关于科学阅读　11
目标　规范　基本信息

3. 关于思考阅读　21
科学意义　思想　读中思　读后思
不读思

4. 关于外语　31
英语　外来语　母语

5. 关于资料卡片Ⅰ【引得卡片】　49
引得　主导方法　分类　原则　分项说明

6. 关于资料卡片Ⅱ【研究卡片】　63
形式　元素化

7. 关于古文献全文数据库 73
  国学　齐全　机械校对法　检索软件

8. 关于提问 83
  问题　提问

9. 关于科学语言 91
  科学论文　学期报告　科学语言

10. 关于学士论文规范和硕士要求 101
  学士论文　硕士

11. 关于学术翻译 113
  组合翻译　译场　规范

12. 关于注释 131
  注释六法　科学注释　哲学解释
  通俗注释

13. 关于术语 143
  术语　词典学　构成

14. 关于索引 157
  可重复性　理解　全文索引　索隐

15. 关于考试 165

考试四法

16. 关于教师　177
　　职能　等级　知行合一

17. 关于专家与学者　197
　　专家　学者　知识分子　判断

18. 关于科学的局限　209
　　艺术　科学　理性　局限　追问
　　无有的存在

19. 自我检讨　225
　　匮乏　怅憾　先天不足　前程有限

收信人跋语　233

1. 大学的意义和性质

写信时间

　1997 年 4 月 19 日

主题

　序

关键词

　人性　自我发展　理性　大学　科学方法

内容提要

　1. 大学的性质:理性的保证

　2. 大学的基础:科学的方法

　3. 大学的特点:非感性的学术性、非功利的纯粹性

　4. 大学的目标:理性得到发展的人

收信人

　刘平　刘子珍　冯华年　盛磊　魏苑

刘平、刘子珍、冯华年、盛磊、魏苑及其他同学：

你们已经逐步了解大学的意义。它不仅是一个培养子弟的学校，不仅是训练后代技能的场所，不仅是施教者传授人伦准则和社会理想的组织，它更是一个科学的保证。

所谓科学的保证是指人类的理性在大学这样一个系统中，根据理性本身的逻辑，自我生长，自我推展，自我检测，自我批判。任何个人只能因为自己的才智、精力和专注的程度来促进和延滞这个系统的进程，但不可能影响大学的内在结构，而学科的调整是为了使这个内在结构更合理；任何政治体制和经济条件只能限制和规定大学的规模、师资的集团归属、学生的配置和实用课题的取向，但不可影响大学的根本性质。大学本身没有个性，因为它用当下具备的所有的研究能力去研究一切可资研究的全部，包括宇宙和人生，这就是科学。

科学凭借什么不受个人或政治、经济环境的影响而起保证作用?或者它以什么保证它自己?只有一点,就是根植于人的理性的方法,这个方法不在于人们是否应该对它选择、取舍或沿革。方法就是科学的显现,方法就是理性的展示,人别无选择。在大学的结构中每个参与者都是"无我"的脑力劳动者。千秋万代,遵从方法,个体的思维和科学的运作共同营造着人类的理性。理性和科学是自古以来,特别是自有大学以来人类共同收获的,或者说是逐步发现并按其合理的性质构造的,所以,它是人性的显现,任何个人和任何环境不能改变人性,至多只会影响其展现的幅度和美丽的程度。

人性并不都是理性,理性之外亦有需要传授者。人们针对信仰的追求,建立了佛、神学院;人们针对感性的培养,建立了艺术院校;人们为了政权的保证,建立了党团院校;人们为了社会的发展,建立了职业技术院校。从培养读算能力的小学基础教育到中等专业技术的培训,到高等技术的研习,到高级管理领袖的培训,再到国家工程技术院院士的设立,事关国计民生,各个国家和集团竞相投入。因为学业关系到个人的今后财产和社会地位,所以学生把学业的重点投放其上,并根据自我的条件和社会需要,在家长的协助下计算出最佳的路径。这是自然之势,无可非议。大学也辟出巨大的精力去配合其势,益发喧嚣。

你们选择了广告学作为大学的学习专业,北京大学艺术学系以广告学专业作为本科的第一专业,都是因势而生的结果。但是,当你们进入大学之后,才开始发现大学的意义并不是单纯的职业训练,甚至许多课程与基本技能的培养没有什么关系。大学要求它的学生——理性与科学系统的新的参与者做许多"无用"的学习。这时,对你们的心智开始了人生的第一次测试。你是一个劳心者——自觉的知识分子/学者,还是一个劳力者——权力和金钱的执着占有人,或者是第三种,占有权力和金钱的自觉的学者。答案表面很简单,但事实上回答和实行每一个答案都是对心智的长期磨难。我希望你们成为一个完整的成功者。作为一个大学的教师,我提请你们注意,即使今后你们不会在大学中专门为了促进和维护人类的理性的发展而工作,甚至即使你们今后因为职业和事业的需要而做出阻碍或者损害理性的事情(比如从事政治活动和商战),也并不意味着你们在大学期间就可以轻视科学基本方法的训练,就可以忽视相关人类本性的研究而非关具体的技术操作的课程,因为,人性要求自我发展。

作为一个学生,大学阶段在做两种预备:

其一,预备做一个高水平的人。因为你们已经用你们以往的努力证明你们是人群中的优秀分子,所以许多人都期望你们带给我们大家利益。民众遴选出你们来到大学里深造,因为他们以为大学可以提供"高等教育"标示的教养,教养使人高尚。如果大学把学生训练得很会榨取和利用他人以达到专门的目的,那就不会再有大学,只有特务培训中心。大学也不能成为教会或艺术家工作坊,以坚定你们的信仰或开发你们的感受力。(欧洲大学曾从教会开始而最终分离)大学只能依赖科学以会同你们的理性,一面在方法的保证下使你成长为有理性的人类精英,一面吸收着你们中的最优秀者继续巩固大学这个科学的本营。

其二,预备做一个强有力的人。因为你

们会在知识最集中的地方,在教授的引导下、同学的激励下,从图书、实验和实习的培养中拓展思路,掌握方法,熟悉手段,对某一门专业有系统的了解,当然还包括接受方法,知道自己怎样去继续了解和掌握专业的训练,据此方能不断把握专业的进展,在竞争中立于不败之地。具体的一个教学单位的情况总在不断改善,目标不会改变;专业上,毕业的学生个个马壮兵强。

预备也是有限度的,有些东西,大学不教。比如你今后怎样团结同事而获得权力,你怎样用有效的手腕去应付社会的阴暗面。教了也是纸上谈兵,留待你们毕业后在人生中体验、把握。学期短暂,人生漫长,因此在大学中就要了解什么是大学的性质,要从它的特长中去听受讲座,参与研讨,投身实习,积极思维。有几个原则是不应该忘记的:

1. 开张心怀。为大任筹划准备,广选各个层次和各个方面的课程(不是指数量,而是指幅度)。

2. 审慎周密:掌握周密实在的方法(特别注意进入优秀教授的亲授范围,参加研讨课和科研项目;听课常不能深入到方法和学科的前沿问题)。

3.清晰判断:对问题明确掌握,尽量收集关于这个问题的所有研究材料,对比、分析、思索,作出独立的判断。

4.谦逊:不要一旦发现别人学问的缺点,就认为自己掌握着真理。方法永远在自我更新,材料日有所增,学科自成规律,科学中没有天才。

此外还有一些问题,我曾经或将要同你们面谈。

最后,你们会认为我本人不是一个人生的榜样,作为一个教师没有身体力行以实现个人在社会上现实的价值,而是非常明显地对权力和金钱迟钝,并有有意回避之嫌。我想向你们说明,这正是我现有的职务决定的。在大学里执教,就是科学运行的操作者,和同行及学生一起,从专业的角度,遵循科学的方法,为人类理性的保证——大学活动而劳动。社会地位的高低同我的思想程度的高低毫无关系,收入的多寡同我学术工作价值的多寡毫无关系。今天,我踞此教席,我的职守与一个社会上完整的成功者的标准也没有什么关系。也许,有一天我会离席而去。正是因为我还在这个席位之上,由于大学作为科学的保证的性质,所以你们才收到这样一封信。这封信不是出自我一时之意见,而是出自大学中的一个职守的理性的要求。

朱青生
1997 年 4 月 19 日

2. 关于科学阅读

写信时间
　　2000 年 4 月 8 日

主题
　　科学阅读

关键词
　　目标　规范　基本信息

内容提要
　　1. 科学阅读的目标：拾取专业信息
　　2. 科学阅读与规范学术论文的双向作用
　　3. 迅速获得基本信息的方法

收信人
　　卓佳旻　赵媛　钱锋　张丽　张欣
　　周海霞

卓佳旻、赵媛、钱锋、张丽、张欣、周海霞：

上次向你们提到,我们艺术学系的前几届同学在一年级时都要经过一次读书(准确获取学科信息)和综述(对获得信息进行科学整理)的方法的基本训练。为了使我们的中级研讨课(选择课题并模拟解决课题)有效进行,我试着将我原来用一学期的时间施行的训练要点逐条写下来,并附上一些例证,以期对未受基本训练者加以弥补。有不清楚的地方,请随即在我的答疑时间面询。

首先讲科学阅读。

科学阅读是读书的方法之一。但与一般的读书不同,它以拾取专业信息为唯一单纯目标,并且要求用最经济简便的方法实现这个目标,同时还要求不仅正确,而且完整地获得该阅览对象的有效专业信息。

科学阅读是对学科其他学术论文(包括专著)的阅读,同时也就包含了对自我撰述学术论文的规范(请参考1999年春季学期发给的《学期论文规范》和附给的《学士学位论文参考规范》)。这是一个双向训练。知道如何读,就相应知道如何写。如此去写,也就为其他研究者(学生和研究者)如此去读准备了最合适、最方便的规范的信息显示文本,使他们能够既经济、简便,又完整、准确地获得所撰述的文本中包含的有效信息。(这还涉及科学语言问题,将另说。)

如果我们通过工具书和目录数据库获得本课题的全部(理论上的)论文之后,科学阅读就开始了。在规范的学科(即已经稳定和规范化地发展并处于严格的学术制度管理之下)中,应该从出版年代最近的论文读起,同时阅读本课题阶段性结果论文(此问题已获全部解决,被公认为定论而后人不再加以研究的结论)。

如果这份论文是一部专著,或者一本"书",我们要求在20分钟内获得基本信息。(20分钟只是个约数,因人而异,因阅读对象而异,但在极短的时间内对阅读对象的整体作出判断是"时间限定原则"。)我们可以这样进行:

第一,看作者。利用书中的信息和你个人的见闻,判断他是否为本学科的重要研究者。有些人很著名,什么都喜欢谈一点,所以名气很大,但造诣不一定高。《高僧传·序》中解题时,区别了名僧和高僧,正是学界的通例。但是也有一些人,由于杰出的才能、独特的角度和过人的精力,会在自己的本专业之外涉及其他专业,或在本专业和其他专业的交叉部分有所发明,也是值得注意的。如果能够从作者简介中知道他的出版目录,或在本书的参考书目中回查作者本人出版的文献目录,则会增加判断作者学术地位的参考。

第二,看出版年代。科学论文的前提是在以前一切研究的成果之上作出更新的研究。如果是同题异次原始报告,也是要先引述已有的报告,再说明自己的报告对已有报告所做的纠正、补充和更新的程度。如果是新课题的开发,则要说明此课题与已存在的相关课题之间的关系。总之,出版年代越近越好。但是也有几个例外。

(1)"划时代的"科学报告。科学报告的结果必须是可重复验证的。但是如果这个结果几经验证确认,甚或可以作为练习题而被学习者反复演练,而其结果却不发生改动,那么这个报告就以其首次发表的年代为"划",多久之后人们还会看它。

(2)"经典的"科学论著。由于它是一个时期的人类精神的体现,有时虽然其具体结论已经过时,但论著的气息和思维已成为本专业和学界的一种"常识"。所以必读,无论多么古老。

(3)在特殊的社会政治和经济条件下,由于发表和出版不正常,不仅新出的不如旧出的,甚至还有掩饰、掺假和歪曲科学结论的情况,所以要了解出版年代的社会背景,如1966—1976的"文化大革命"就是一个应予怀疑的年代。再如目前大学里也搞"以经济工作为中心",即在学术规范还没来得及健全的时候,就大规模开展评价工作,并立即与教授的私人生活和社会地位挂钩。所以正如北大社科处肖群老师所说:"许多非科学论文(如教材、通俗读物、随笔和未经科学检验的个人意见)都被当作科学论著发表、接纳甚至获奖。"这种时期或年代发表的论文,就要注意鉴别。

第三,看出版社。由于出版宗旨和传统

的不同,归属和基础的区别,不同的出版社就代表着不同的方向。出版科学论文的专业出版社的书刊,应该先看,反之则后看或不看。比如国内的中华书局和商务印书馆出版的科学著作是可以信任的;北京大学出版社分成两部分,一部分是科学出版部分,水平可比中华和商务,另一部分是商业性出版,因为国家和北京大学都无力支持这个出版社,中国又没有基金会制度,所以这个一流大学的出版社为了生存,不得不落架,出版大量的商业性流行书籍。另外有些教育出版社,因为受体制的特殊惠顾而承包本省、区的中小学教材,积累了大量的经费,变成了变相的科学出版基金,出版了一些专业科学论著,要特别加以注意。

第四,看主题词、关键词和内容提要。(关于主题词、关键词的区别和作用,科学性内容提要的结构及其与商业广告性的内容提要的根本区别另论。)

第五,看参考书目。参考书目有三个要点要注意:

(1)参考书目的时限。一方面以此可以判断作者的实际研究是何时进行的(因为出版周期长短无定),另一方面可以看出这个作者对出版年代(见上文第二)有无准确的判断能力。这是评判作者的专业水平和科学判断力的一个辅助性的根据。

(2)参考书目的范围。书目不在数量的多少而在选择范围的适当和质量。如果一个作者选择非本课题的书籍进入书目而遗漏了本课题最重要的参考书,不仅说明这个研究的价值应当遭到怀疑,而且说明这个作者的科学精神和方法训练存在缺陷。比如我系一年级的新生都选读钱钟书的某篇文章(事先把作者用各种原文列出的注释一律译成现代汉语),推敲他的引书,结果发现他常常把一些一般性的书籍引入,像蜜蜂采集一样,但是本课题的主要和重要的直接研究成果却未予列出,因此虽然看起来引书很多、范围很广,但对此课题来说,未做出缜密的选择,不构成全面的覆盖。于是同学们立即对"真理胜于吾师"有了体认,当然也对钱钟书先生绝高的才气和艺术有了进一步的认识,增加了对他的恰当的崇敬,使同学锻炼了自我的理论能力。

(3)参考书的取向。因为引书有些是为

了读者复查,有些是为了综述问题。为了复查,会引用正式出版的、他人可以方便获得的材料;为了综述问题,则会引用正式出版物之外的"秘密材料"。由此就能协助你确定这个研究的性质。

第六,看目录。科学论著的目录就是这个研究成果或报告的内容结构,如果在目录中看不出内容的全部结构,就有理由怀疑论著的规范和可确信程度;如果在目录中出现似是而非的文学性描述(除了作为象征概念),则可将之视为非科学专著。

第七,看一个与你最熟悉的内容相关的段落。从段落划分、行文结构、修辞方法、推理的严密程度、脚注和尾注的使用(参见《关于注释》一信)对该论著的质量作出判断。

第八,看结论。

(1)查看专著的最后结论,看它达到了何种结果。同时可以考察作者对自己的结论的反省程度。如果武断,说明方法上有疑点;如果夸大,说明作者理性上有问题。

(2)检看章节的小结部分,协助你理解总体结果。同时检测上述方法("武断")和理性("夸大")是否真正存在问题,以及问题大概的严重程度。

以上的过程在 20 分钟之内完成后,你就可以决定这个研究成果是否应该全文研读、部分研读、通览、选查、备考,等等。至于阅读时如何拾取信息,请见《关于资料卡片Ⅱ【研究用卡】》一信。

祝
进步

朱青生
2000 年 4 月 8 日

3. 关于思考阅读

写信时间
　　1999 年 10 月 8 日

主题
　　思考阅读

关键词
　　科学意义　思想　读中思　读后思
　　不读思

内容提要
　　1. 精读:弄清科学意义,激发自己的思想
　　2. 思考阅读:读中思,读后思,不读思

收信人
　　盛磊

盛磊：

艺术史的学习开始后，除了我上学期期末同你讲的历史基础之外，有一个"专业功夫"，就是系统地、精密地"识画"。我认为艺术史是借助艺术的形相信息来研讨历史、文化、社会和人性，前三者或可称之为"形相学"，后一点是一个人生的对观，从而沉思而反省，所以不能完全称之为"学"。形相学的基础是一切形相及其之间的关系，而美术作品（"画"）只是其中的一部分。但是形相世界目前不可以系统、精密地去认识，所以就只能挑选其中称为美术作品的部分作为课程的研究对象。课上学习要能把每一副作品看进去，这是一个今后要长期学习的技巧和方法问题，现在要先识表面，充分了解常识。你们几位已经正式进入艺术史专业的同学现在正好可以开始这个工作。关于中国美术史可读《中国美术全集》，60卷，同时看一遍系里所藏的中央美院的幻灯片，只是幻灯片的解说不完整,所以你在看的同时,把上次我们译Janson时你负责建立的图片说明、规范整理出来,分给彭俊军、张丽和其他同时参加的人。看到一件作品,按规范的项目,逐一检查一下,缺一项,打一个问号,把美院的幻灯片目录做一个疑问副本出来,再对照60卷的《中国美术全集》和其他的书,一一弄清,这个工作可能要做一年,然后再做欧洲美术,二年后,才算有了"基本专业功夫",其他的方面我再陆续同你们讲。

　　白巍老师上的名著选读,一定是采取了精读法,你们可以跟随她将《历代名画记》读透。此书承上启下,在中国艺术学史上至关重要,历代注家、研究也相当丰富,有日文译本和英文节译本(也许最近又有全译,我下周去查一下)。读一篇名著,一是要弄清科学意义,一是要激发自己的思想。科学意义是事实和历史,用以考证历史上的作者的思想内容及其历史价值。所以先得从字句入手,弄清楚每个重要语词(关键词)的本义(1)、张彦远使用义(2)以及中文特有的歧义性造成的本文文本义。本义中还有字义(1.1)和引申义(1.2)。引申义中有专业申引(1.2.1)和非专业申引(1.2.2)。专业申引是指画学中及止张彦远的约定俗成的解释,有些可以在今天能读到的魏晋画记中找到,有些是他曾读到我们已经看不到了,所以千万不要作过于简单的归纳……说出于某某说之类,这种科学按断不可轻下。同时要看非专业申引,这就是思想史的问题(即是科学问题而不是思想的问题),也必然对当时的学教政治和文化有精密的考查,这就是为什么要你一直修习历史和哲学史的目的所在。

激发自己的思想与科学不是一回事,这就需要"思考阅读"。思考阅读不是为了读取被读物,而是借助读书过程形成、发展、砥砺、坚定自己的思想。因此,《历代名画记》又有另一种读法。你不必在意张彦远的意思是什么,而是在意艺术应该怎样,张彦远顺应多少,遗漏多少。如果你重作此论,应调整什么,弥补什么。读先贤书,当知先贤都是向道之人,与你是同路,本应事事相析,多所辩驳,才能同道。所以自己的心胸有定见,每读一书,并非吸收他的思想,而是与他交谈,补充和修正自己的见识、自己的思想。初时可能不习惯,或因浅陋,被先哲们罩盖在下,只有追随之心,再无自见之地,此是历代读书人多、得道者稀的心病。切不可有一日自己不思想！切不可有一时随顺他说！开始时，要读得慢，先读一个意思，前思后想，所以精读法不仅是做学问的方法，也是求道的门径。

我读初中时正遭逢"评法批儒"政治运动，规定要读古文，每读至"业精于勤而荒于嬉，行成于思而毁于随"，心里就不安，总觉得是"行"将毁于"惰"（懒惰），怀疑是否"随"与"惰"形近而误。后来多次复读，才逐渐理解"随"有二义：一是追逐欲望，对自己的向往和行为没有反省能力；其二是自己不能思想，以他人的思想支配自己，最后受制于某种信仰、理想、精神或理论，丧失自我的批判力，在时势之中为潮流所裹挟，甚至会在一个高尚的理由下违反人性，残害他人，破坏环境，掠杀精神上的异己；或因处处因袭他人，自己的精神不能整合为一个属于自己的"全体"，一旦社会信念发生冲突，集体信仰产生危机就会自我迷失，变成衣冠禽兽（经济动物即为一例）。

以上强调思考阅读之思，俯读仰思之"思"也，当然是在读中思。这里还有两点要加以补充的：1. 读后思；2. 不读思。

关于读后思。通过《关于科学阅读》一

信,你会发现要简便、完整、准确地吸收他人的思想,可以采用科学阅读方法,不加入自己的意思,那是科学研究的根据。比如我们研究"唯识"中"阿赖伊识"的转变,就是个思想史(科学)问题。虽然是哲学题目,但不是"思想"的那个哲学,而是"哲学学"中的哲学课题。我们就要研读天亲(世亲 Vasubandhu)的《唯识三十颂》的梵文原本、藏文译本、汉语玄奘译本、汉语真谛译本、汉语般若流支译本,近代的德、法、英、日译本,再结合《成唯识论》,窥基《述记》,以考证天亲到底说什么。如果像熊十力作《破唯识论》那样,就不再是科学而是思想。但是熊十力的"破论"是在唯识中破唯识,虽在思想,但还只是宗教思想(有明确"他定信仰"前提的思想)。如果人们把"识"作为人本性的表记来看,重新思考它的变现,就会看到三种现象:

1. 作为"原因"的"识"(在唯识论中解释为"种子"),它是一切现象的成因根据,也就是说没有人性中视觉等感觉的存在,世界就不会是现在我们"看起来"("听起来")的样子。

2. 作为"存在前提"的"识"(在唯识论中解释为唯有"识"可以变为一切),世界是因为人的存在,即人不仅作为生物的存在,而是作为思想、反省的精神主体而存在。对于禽兽来说,世界是不存在的,因为它就是世界,而不是观照世界的主体,世界也就不成其为完整的"全体"的对象。从这个意义上说,世界是虚幻的,因为它是"无有的存在",是因为会思想的人,即思考人的问题而变现为被意识的对象(世界)。

3. 作为各种因素在此时此刻(现在)或彼时彼刻(过去或将来)显现为如此这般的事实(在唯识论中归结为"藏",蕴含一切的意义)。这些因素是以各自的质量和动势互相作用的,同时又不断地演变。没有单纯的原因,没有单纯的结果。如果消极地去看待现象就是所谓"缘",如果积极地去看待现象就是所谓"中"。如果不仅看待现象,而且由人为的行为去调节就是"造作",君子自强不息之谓也。这些想法本与唯识相关或相对,不读唯识,无以带起,这就是读而后思。

关于不读思。不读思即沉思,是一种更为微妙的精神状态,是无需他人思想的指导和激发而自我的思想,因与阅读无关,以后再说。

科学本身即所谓"记问之学",是技术进

步和人类文明发达的基础,所以科学是现代大学的根本目标。但是科学之外,还有思想。四书中《大学》所说"格物致知"之后的"诚心"就分为两路,一路成为思想而导致宗教和道德,一路成为社会科学,成为"修身、齐家、治国、平天下"的政治学、社会学、经济学、人类学和广告学的实践目标。(而社会科学本身又因其科学的目标重新归复到格物致知的境地。)思考阅读是介于科学与思想之间的一种精神活动。一旦进入沉思,就脱离科学了。工业革命以来,科学成为人类最大的信仰,算计理性(理性Ⅰ)成为人性首要成分。在中国,无疑北京大学的建立和存在就是这种人性成分的象征。但是科学精神只是理性的一部分,除此之外,还有第二个部分,就是思想。并不是我们在大学教育中要求教师和学生去思想,而是无法阻止教师、学生去思想。因此,虽然大学是作为科学的本营而设立和运作,但现代的思想亦多酝酿于大学。

朱青生

1999 年 10 月 8 日

4. 关于外语

写信时间

　　1999年10月30日

主题

　　外语

关键词

　　英语　外来语　母语

内容提要

　　1. 英语作为现代知识分子的普通话

　　2. 现代汉语的语源外来

　　3. 用外语增进对母语的理解

　　附1　德语教学

　　附2　如何在北大化"托福热"为学问动力

收信人

　　彭俊军　张春洁　盛磊　冯华年　方瑜

彭俊军、张春洁、盛磊、冯华年、方瑜：

关于外语学习还有三条增补，一并记下。

1. 对于全世界的知识分子，英语成为普通话，而不是外语。

2. 中国现代语言语源中外来语的分量很大。

3. 用外语来处理母语问题会增进理解。

由于历史的原因，英语成为当代的世界语，是现代知识分子的普通话。不必把这个形势看作是对英国殖民和美国强势的屈服，莫宁将之看成为对人类奋斗的褒扬。假设明末清初我们祖辈率先创造工业化，开拓现代人的自主、民权的精神，那么现在全世界就会讲汉语了。

随着全球化浪潮的推进，英语的使用范围更为广大。虽然作为母语非英语国家的知识分子，在维护母语、承建文化、创造文明的过程中要强调语言差异，强调精神的回归、认同,但是全世界共同的、非本传统的文明对象对每位知识分子来说,也是他立身世界的基础。世界的文明的一般性文字表达只约定一种语言,目前就是英语,所以英语不仅是实用的技能,也是文化的通道。

人类的生成在于他人的存在,在于交流。在现代通讯系统和现代媒体系统发达后,"他人的存在"已扩展到全世界他人的存在。交流也必然包括国际交流,大家只能说英语,谁不说,限制的是他自己。

更由于计算机技术是在美国发明和率先发展起来,所有的通用语言首先是英语。因此,作为一个知识分子,英语成为必需。不会英语就是某种程度的现代文盲,这似乎便宜了母语是英语的民族。当你看到第三点时,可能会庆幸自己的母语不是英语。

先说第二。现代汉语是在外文化的逼迫下改造而来的。它与汉末魏晋主动接受由梵文汉译外来语的情况不同。今天我们说话、思维写作,其所用概念和修辞已不是完全来自母语的语源,尤其是日常使用最频繁的基本词汇如"社会"、"银行"、"政治"、"经济"都是外来词。作为语言的一般功能,一种成熟语言吸收到的外来语,就可以自行作用,不会造成实践中的问题,最多就是出现本文化传统之中的语言古今断裂而已。纵观历史,任何文化都或多或少地断裂于今古,有些伟大的文化断了就不再接上,被称之为古代文明。

但是如果用现代汉语来思考和创造中国现代文化和科学,就马虎不得。因为概念不能确切,意义就不能完全地负载而运行,交流就会损失许多时间和精力,思考就会损失许多质量和微妙。现代汉语正处在要加以自我批判和自我规范的"最危急的"时候。这不只是语言学家的任务,而且是每个中国知识分子的责任。

因为现代汉语大量词汇是从西方主要语种(英、法、德)转译过来(其中很大一部分是透过日语,请见日本新出的《明治时期外来语词典》)。所以你就要了解某词的原型是什么。追问原型(请见刘正等编《汉语外来词词典》),马上你就会发现汉译(或日译)的只是某一个词在某一个时代、某一种上下文中的个别意思,并不是那个词的本义,或全部的意思。所以从某种程度上说,你不能读英、法、德这三种语言的原文,实际就不真正了解你所使用汉语外来词的确切意义。而且众人使用某词的随意性就无节制地扩大,用同一个词,互相说的不是同一样意思。所以重新查证各个外来词也不仅是外语学者和翻译家的任务,而且是广大中国知识分子的责任。

实际上,你一旦能读这三种语言,或向这三种语言的专家及以三种语言为母语的学者请教时,就会发现英、法、德文各自又有它的外来语和语源。如意大利语、西班牙语、荷兰语中许多词根来自希腊语和拉丁语(古罗马拉丁语),尤其是后者,沿用作天主教会的官方语言,而生成中古拉丁语。在宗教改革之后,又用作学术规范语言,直至19世纪还是通用科学论文用语。(今天,在德国和英国的大学中仍可以用拉丁语提交硕士论文和博士论文。)

如果你想深刻地理解汉语外来词的原型本义,拉丁语和希腊语就成为外语学习的对象。这就是为什么学习拉丁语和希腊语不仅是西方语言学家的任务,而且也是中国学者反思现代汉语的重要的途径。

上面说到汉语在汉末魏晋时还主动吸取过梵文(包括巴利文和西域地方方言)的词

汇,虽然当时是作为佛教专门用语出现,但由于玄学之风和理论勃兴将佛教专门语扩用为一般义理概念。为宣扬和吸引劳动人民而大量运用的佛传、本生故事,俗讲(唐代后)、变文,水陆仪规之类的实用文本,使"佛教汉语"迅速、广泛地深入汉语,而成为第一次大批外来语词汇。所以,我们要学习梵文才能充分理解许多汉语词汇的确切意义,才能追踪近两千年来这些外来词在使用过程中意义的转化和使用者主动误取的过程。而且上述的近代西文原型译成中文时,无论是日本人或中国人,都大量地使用了佛教带入的外来词,再去译西文,所以,就成为"二次外来"。不弄清第一次外来,怎么弄得清第二次外来?这就是为什么学习梵文不仅是佛教研究者或印度学家的任务,而且也是中国学者共同的责任。

有两个有意思的情况提示我们汉语外来语的微妙境界。

其一,我们先用英、德文直接译梵文(由于梵文是印度日耳曼语,与英、德语的词根有关联),如:dharm 英文译作 events(据 Anacker,1984),德文译作 Daseinselementen(据 Mayer,1994),然后把这个西文词译成汉语。

对于 event(s),据《新英汉词典》(上海版,1976年)有5个解释:

1. 事情。

2. 偶然事件。

3. 活动。

4. 比赛项目。

5. 诉讼结果。

对于 Daseinselementen,据《德汉词典》(上海版,1987年)有7个解释:

1. 存在要素。

2. 原理。

3. 成分。

4. 环境。

5、6、7 为专门术语,略。

对比在魏晋以来同一梵文词译成的汉语:真谛译作"法"(据《转识论》),玄奘译作"法"(据《唯识三十颂》)。经过近千年,"法"这个汉语译成西文哪个词:

1. 方法 method(英文) Method(德文)

2. 办法 way(英文) Weg(德文)

3. 法律 law(英文) Regel(德文)

而基本不用以译 event 和 Daseinselement。

转向对比,就会对汉语二次外来语有了

另一种体味。

其二,任何词一经译成中文,就带上汉字的字义的影响。就说"影响"译自德、英或法文。我们从"影响"两个字获得一种形象。"花影寂寂,回响乃闻"。其与德文 Einfluss、英文 influence、法文 influence"随之而流"的感觉如何相合,如何相解?再进一步,假设一个考究的比较语言文学的研究者,必将某文本用"拉丁语直译法"直译成中文,再由中文硬译回为该本文,将如何?我建议张春洁将几个汉译的《少年维特之烦恼》各抽取同一段,会同德国汉学家反过来译之为德文,再对比来回的差错,必有所发现。

综上所说,我提倡对中国现代汉语关键概念(尤其是抽象概念)进行"四面切法"。一切其译义:西文原文;二切其典义:希腊罗马的词源;三切其释意:佛教汉语和梵文原文;四切其诂义:汉字的字源和古文献中的训诂。四面切齐,就可以成为思想的大殿的基石,如果学外语以此为归根,何患中国现代不出思想大家?学问大师更可翘首待之。

再论第三点,母语问题以外语处理。去年中文系师长们集会,我就冒昧地发言,质疑中文系用"中文"研究"中文"乃是把"目的"混同于"工具"。其实我有切身体会而申求同气。在德国我用德文或英文写有关中国问题的报告,发现许多原来被母语掩盖的问题全都突显出来了。因为母语是自然学成的,意义之传达部分依赖语言,部分则依赖"言外之意"。每个民族的人都有自己的"赋、比"以外的"兴"(言外之意),而中文还有一个特色,就是在一句话中不作完整的逻辑表达(未生成规范化语法),而是留下一些"语意飞白",由操本语的成员依赖习惯和文化薰习出的素养来自动填补,在诗词中尤为明显,这就是中文!(至今我也读不下去西文的诗,包括模仿西文译作而发展出的许多中文新诗。)但是用中文作为科学语言,目的就不在语言的美而在符码功用,将中文作符码用,就要有意识地补充本来依赖习惯和文化薰习填充的部分(请看《关于科学语言》)。填哪些,怎么填,最方便的办法就是用外语写(真正的外语表达方式,而不是中文的外文套用方式),最好是用语法规则刻板的德文、法文或拉丁文。最近我与德国教授商量,争取组织国学方面的年轻学者去德国完成学位,就是出于以上的考虑。

后来读到 Gombrich 和 Panofsky 的文章，这二位艺术史大师级人物都有在"二战"前后离开母语(德语)环境而在外语(英语)环境中工作的经历，都通过运用外语而更深刻地反省了母语，精纯了自己的思想。尤其是前者，出国之前已是大学者，衰年变法，其体会令人深信。

我本人学习语言缺少能力，总是事倍功半，加之少年无机会学外语(见《自我检讨》一信)，不能以身立教，但是我每天都还在学。

谁与归矣？吾待子！

朱青生
1999 年 10 月 30 日
于 Bonn 莱茵河岸上

附1　德语教学

张弢:

歌德学院的德语教学方法很好,但不是"新东方学校"对付考试的策略性方法。你应该采取以下两点:

1. 钻研问难。德国教师教学,对学生没有强迫的习惯,你愿学,他就多教,你不学,他也很客气,尊重你的选择。所以你尽量自己多做练习,造句作文,大量阅读。问题在课上就要明确提出来,也可以课后交上以求批改。你有多大的能力和努力,就能学到多少东西。(歌德学院的学生结构问题,方便时我会同院长和语言部主任转告,谢谢你!)

2. 借助"新东方"有益的方法,比如单词记忆。只是德语更复杂一些,名词要同时记词性和复数形式,动词要记不规则变化及所要求宾语的不同的格,可分动词的组合和反身动词的用法等。如果利用"新东方"的方法,就可以大大提高效率。"新东方"的方法不外乎外语(非母语)学习原则:

（1）强化。在单位时间内用各种测试强迫学习者精神处于亢奋状态。

（2）频化。在最可能短的时间内重复。[这也是一般性方法，非其所创。我给乐乐设计的"朱氏名物记忆法"称之为烫习（3分钟后立即重复），然后是热习（10分钟后），然后才是一般性的温习（课前课后）、复习（阶段性）。]

（3）理化。尽可能找到词源、语源和构词规则，并前后缀用法等。靠理解帮助记忆。

（4）俗化。制造一种只有自己知道的古怪联想。比如乐乐记 sport，就想成"死跑的"（不可以读出来），但机械记忆即如此，马上就简便多了。

我曾去旁听过"新东方"老师的课，学习他们的教学方法，发现"新东方"还有许多超乎英语之外的有益方法。他们不仅注重学习效率，而且鼓励学生学习的信心和培养学习的动力。我曾写信给校长、教务长，请他们借用于北大，作为北大教改的一个重要参考，可惜未予置理。"新东方"也有缺点，最大的是不成其为"语言"，而是"技巧"。这一点正是歌德学院的长处。

但是,我感觉到"新东方"的教师有一种爱国情怀,他们虽然用他们卓有成效的工作送走了我们国家的优秀人才,但他们的心里一定最希望为自己的祖国培养人才。如果有一天,大学教育体制内能够让他们为国效力,我的同事俞敏洪(他曾是我在北大的同事)及其团队一定会把那些方法进一步改进,以促进我国的外语教学及大学教育。

即此 祝

进步

朱青生

1999年10月30日

附2　如何在北京大学化"托福热"为学问动力

尊敬的校长、教务长：

"托福热"是挡不住的潮流，根植于国家的际遇。中国人的现代文化没有给人类作出很大的贡献。今天，中国从语言基础（如语法和知识分类法）到技术理论（如电灯、电视、电话、电脑）全是引进的。此境况下，中国一大批知识分子和一心想要发财的平民，为了事业和后代安全富足，就出国而定居欧美。许多人出国并无"目标"或研究方向，多半说法是"出去再说"。两代以后，中国文化在新移民中就不会再起作用，在当地所受教育程度越高，消逝越速。（我结识过不少二、三代华裔，他们说出来的中文与欧美汉学家的味道一样。）而出国定居和华裔学者回国，回北京大学会受到比他们同期留学的归国同学、同事高得多的礼遇。所以托福热反映的是国运，对参与者是不能加以指责的。

目前在北京大学，不少学生用功之处是在考托福，考 GRE（美国大学研究生入学考试)。国家花十几年人民的血汗钱培养的英才,却成了美国的公民候选人;北大的多少教师清苦坚持、呕心沥血,却部分地成了美国大学预科的辅导员。这确是北京大学的问题。

针对此弊,现有一良策,虽不能改习气,但能正学风。即让好学笃行的所有北大学生,由校方鼓励和要求全数通过托福和 GRE 考试,由此达到美国大学入学的基本英语要求。然后,学生自动会将注意力转移到专业知识和实际研究能力方面来。同时再从中遴选出一部分预备专门培养、将来学成归国之后而被国家任用者的名单,向美国各大学和基金会推荐和合作培养。虽不能杜绝投机取巧的可能性,至少给奸猾浮躁之辈以更苛刻的条件,使之奋而努力,客观上反而使之回落到我们所希望的好学笃行上来。同时,利用社会教学力量和经验,比如"新东方"学校的有效经验中的合理部分,促进北大公共英语教学水平的大幅度提高。反之,北京大学那些主要凭托福成绩出国的学生,缺乏全面的学术能力,没有认真掌握研究方法,而只知读书本,这实际又是现行"托福热"的牺牲品,并使北大的声望蒙尘。

对于接受者美国方面来说,他们也希望避免虚假和偶然性而收到相对优秀的学生,此其一。其二,他们虽然想留住英才,但也希望自己培养的学子能在他们各自的祖国工作,宣扬和拓展他们的文化和思想方法。其三,美国明智的决策人一定且有这种判断能力:用"条件"能引来的人,他也会被"条件"引出去。不能仅依靠能力的高低作为用人做事的标准,人的原则性、意志和忠实才是相信的标准。美国只有本土出生者才能竞选总统,移来的民众不行,大概就是最终还是信不过为了利益或逃避灾难而来自远方的人。

如果利用100周年校庆时大学校长会议之际,与美国各校校长言及利害,必能获得理解和支持。

此致
敬礼!

朱青生
1998年1月

5. 关于资料卡片 I【引得卡片】

写信时间

　　2000 年 4 月 17 日

主题

　　资料卡片 I【引得卡片】

关键词

　　引得　主导方法　分类　原则　分项说明

内容提要

1. 引得卡片是初级训练的基本方法,也是硕士论文和研究综述的主导方向
2. 引得卡片:目录卡片,文本卡片
3. 目录卡片分项说明

收信人

　　彭俊军

彭俊军：

你肯定已经做过无数的引证用卡片。这些卡片记录一个书目，一段引文，一项他人的观点、结论或方法的综述，所以我们可以姑且称之为引得卡片。"引得"，是 Index（索引）一词的中文音译。索引有不同的功能和类型（见《关于索引》一信），中文译用"引得"这一个词是为了对古文献的原文进行索引，对资料文本进行索引。科学阅读中为了准确、规范、简便地引证他人现成材料信息，就要做这种资料卡片Ⅰ（引得卡片）。我系前几届的同学在一年级的初级研讨课上用两周的时间练习和讨论这一科学研究的项目，我再试着把训练的目标和理由写下来，请你转给参加中级研讨课而未接受过此项训练的各位同学。记得在给王清原班上课时，杨思梁博士旁听，他后来笑着对我说："这是中学应该学习的。"但是很可惜，除了极个别的例外，大多数同学在中学并未学过。也许在中学语文教学的改革中,我们从大学的角度可以提出此项要求。但是,我还是认为中学的课程是追随性学习,大学的课程是自择性练习(到了研究生阶段就是自主性研究),所以在本系一年级学生中开设初级研讨班,着重在于改变学生的阶段性学习状态,即从中学生变为真正的大学生。

引得卡片虽然是大学初级训练时要练习和掌握的方法,它也是任何一位科学研究者日常使用的技术。在以下两个学术层面还用之为主导方法,即:

1. 硕士论文;
2. 研究综述。

硕士论文、学士论文与博士论文的区别另说(见《关于学士论文规范和硕士要求》一信),在完成硕士论文时,主要利用的是这种引得卡片。研究综述常常由大学者亲自撰述,如陈垣先生《佛教史籍概论》或慕尼黑大学教授 Raphael Rosenberg《艺术史中的方法论》。当年孔子述而不作以订《春秋》,也是一种古老的研究综述,只是当年的科学和思想是合而为一的。

引得卡片有两大类,其一为目录卡片,其

二为文本卡片。

目录卡片与图书馆学中的目录卡片有相同的目的和规范,但也有不同的地方。根本的不同在于目录学的卡片的目的是为了通用性索引,而引得卡片中的目录卡片是为了课题需要。关于目录学的卡片以及出版法规定的项目可参看各门类的专门资料,如武汉大学、北京大学合编的《目录学概论》(中华书局版,1982年)。我现在来说明引得卡片。

原则:最全面的基本信息和最简洁的标示。

具体作法与我们已经讨论过的"科学阅读"、"注释"、"学期论文"都是互为表里的。分项说明如下:

一、索引项

作者姓、名的拉丁字母标示加出版年代,同年代加 a、b、c 等来标出同一年代的排序号。多作者著作以第一作者标出,编、译者标示作用大于作者时(如同一作者的不同版本和译本)以编、译者名标出。

中文的作者姓名以姓名的汉语拼音为准。非中华人民共和国公民的中文人名应按主人的拉丁拼法或西文名为准。比如哈佛大学的张光直教授的名字拼法是 Kwang–chih Chang,刘若愚教授的名字拼法是 James Liu。香港、台湾地区都有其拼法规则,同时又允许个人自译拼法。我自己的西文名字 LaoZhu,是自己编造的,因为西方人读我的名 Qingsheng 常常读为"queen's hen"(英语意为"王后的母鸡")。LaoZhu 人人叫不错,所以我在西方所有公开出版物都用 LaoZhu,只是在 *China Daily*(《中国日报》)依"法"只能用我的拼音名,有一次,附在我的照片旁,就被问起:"LaoZhu,你怎么改了名字?"如果不知道作者的自定名,凡以中文发表者都可用汉语拼音标出,目的是为了索引。西文人名的姓作为标志,同姓异名者,在姓后加名,缩写第一、第二个字母,加点。

日本、朝鲜、越南等国人名的本语读音的拉丁拼法标示,是先姓后名,或在名的第一、第二个字母加点。

俄国、希腊、阿拉伯、印度等国人名以本语发音的拉丁拼法标示。

总之,索引项是以最简单的标示标出最准确的出处。这对科研卡片系统极为有帮助。科研卡片(所有引得卡片和绝大多数研究卡片)都必须注明出处,一个出处的基本信息写全需相当小心,后补其一项都会耗费时间和精力。尤其进入课题研究后,动辄几百种资料来源。有了索引项,出处只要三个字段:(1)姓(名)拉丁拼法;(2)出版年代;(3)页码(或卷码、行码等),如[Janson 1997 45]表示:H. W. Janson, *History of Art*, 5th Edition, Harry N. Abrams Inc., New York, 1997, 第45页。[Wang 1983 239]表示:王仲荦,《隋唐五代的绘画艺术》,载《魏晋隋唐史论集》第二辑,中国社会科学出版社,北京,1983年,第239页。在成千上万的卡片上,用简洁的方法标示了完整的出处。在文中加注时(见《关于注释》一信中的"第六级注释"),只需用索引项,又清晰,又准确。因为在你阅读过书后,目录卡上系存有下列各项。

二、作者姓名项

用原文在先,附注括在后。所谓原文,以发表时所用的原文为准,比如 Ledderose 教授用中文发表在台湾故宫院刊上,所用名为中文"雷德侯",作者名应先标雷德侯(Leidehou),然后附注本名 Lothar Ledderose(德文)。如果是日本人田中淡,用中文在《国际中国建筑史学会论文集》中发表文章,原文按照中文读为 Tianzhong Dan,还勉强可以,如果是他的专著日文《中国庭园の研究》,他的名字后面必须注音 Tanaka Dan。没有这个习惯,以后在国际索引上你就找不到日本人谁是谁了。如果是俄国人普列汉诺夫《没有地址的信》中文本,应附 ПЛЕХАНОВ,再附拉丁拼法 Pulihanov(或有不同的拼写)。原文在前表示文献发表时的公共索引线索,用中文发表的,可以在北大图书馆的书目卡/计算机中找到。本名标志其作者的母语系统,可能在其母语索引中找到相关文献,虽然你自己目前做不到,长远看可能你会涉及那种语言,此外,就给使用你所给出的书目的其他读者提供线索,同时也是对作者的尊重。我们中国学者常将日本、朝鲜等汉字姓名按中文发音读,是不尊重的陋习。在这一点上德国人做得较好,他们用东亚地区的人名全都是姓在前、名在后,以尊重主人。如果都如英美作风,我的少年时代的朋友,在 Standford 当教授的谢宇,被叫成 YuXie。他夫人总是不高兴,说听起来像是 14 岁的女孩在街上踩到了狗的排泄物,"Yee, Shit!"(唉,狗屎!)你的名字也成了 JunJun Peng,听起来也像是来自约旦河边的某种乐器的名称。

拉丁文的标志是国际通用的,也是国际联网和传输的依据,这一点与上一项索引相辅相成,构成你收集的所有文献的排序方法。

作者有不同的情况:有时有两到 n 个作者,照例得登录,不可省略。作者有时不是撰写,而是"主编"(丛书或文集)、"编"(采用他人成果编辑)、"译"、"校"、"注"、"解"、"辑佚"等等,都应在姓名后加注一字在括号中,目录学现统称之为"责任者"。

三、文献名项

先标题,再副题,然后丛书名;或是刊物名(加编号、卷、年代期号、页码等),再版次(第几版、修订、改订、增补版等)。标题一律用原文,目录学工作都要译作目录制作者的母语,引得卡片就完全没有必要。如果你看不懂,引它做什么?(当然可以请人同读、代读。)所引文献一定不能虚张,炫耀于读者,有人在自己著作的文献目录中常放进自己读不到、读不懂或没有读的文献以充数,切切不可效此。如果如 Victor Maier 把自己读不到、读不懂或没有读的文献,找出另列一编,与参考文献目录并列,则是非常值得敬佩的做法。

四、出版社与出版地项

五、出版时间项

以上5项是基本信息。也就是在研究完成后必须附在参考文献目录中的信息项目。此外,在一张目录卡片中还应有另外3项。即:

六、主题词项

主题词由国家统一规定,自己不可增删,但却可以组合,通过合适的组合,就可以把一篇文献的主题清晰地显示。主题词是规定的,所以在任何一个图书馆、资料室、数据库中都可通用,它促进了科学系统内的全体互动和全面稽查,还可以与国际主题词索引系统连接。

主题词可以在国家颁发的《主题词表》中找查。主题词表是图书馆学家与全国各行业专家集体定期修订的。艺术史的主题词可以在:艺术 J、考古 K、美术考古 K85、世界文物考古 K86 等卷帙中找到。

但是,单凭查找,第一很难找到(主题词表十几大本);第二是找到了数种后,拼组起来不能显示此文献与他文献的区别(太笼统了),所以,就可以采用以下一些办法补救:

1. 复分法

编列两个以上的分类系统来满足标示和检索要求。

如：工艺　A.B.C.分别根据

A.性质　B.用途　C.质地/材料

形—名关系

亦即，如果作为主题词使用，在复分为检索时，B、C 标示与 A 应有逻辑关系。

2. 交替法

有些问题同时涉及两个以上的科目，应在各科目交替出现[考虑到"（ ）"已在书分类法中用作国别标示符号，"＝"用作时代标示符号，暂用"＊"表示交替情况，此号在百科全书编辑中用于在条目正文出现的名词，本身也是条目名者]。而在 1988 年中国图书馆分类法中，复分号冠"○"为避免误解。

3. 注释法

有些条目的简短词汇——

（1）不易理解其内涵；

（2）不易确定其外延；

（3）有该词汇内涵外延所不能涵盖，但从理论和实际需要上又不能不入此者，一列加以注释。

4. 规定使用的符号

— 总论复分符号
〔 〕交替类目符号
: 组配符号
( ) 国家区分符号
= 时代区分符号
+ 联合符号
< > 时间区分符号
" " 民族区分符号

规定主要在"资料本"中使用,"图书本"不用。

七、关键词项

关键词的作用与主题词一致。所不同的是关键词是作者使用和自创的关键词汇,我在1996年给冯华年他们班的教案中记作——

关键词:以对象的实际存在的情况设立,不作规定,但词必须具有以下功能:

1 主题词标志和检索之外

2.1 所指明晰(歧义词不用)

2.2 字面义普遍(生冷词不用)

2.3 与他词的界限清晰(不用重叠一个意义以上的词)

2.4 尽可能系统化(含逻辑)

所用词当即纳入拼音和分类索引系统。在一本论文和专著的索引中关键词就是索引词项(见《关于索引》一信)。

八、内容提要项

有时称为简介、摘要等。它是用最精简的语言陈述文献的内容(主题词、关键词不能显示的部分)、方法和结论。一般正规的学报、学刊和学术著作,都有编辑或作者本人自撰的内容提要。如何为之,要结合实例练习。从原则上说,就是要用科学语言陈述科学问题。

学术性内容提要与商业性内容提要区别很大。一本书书前书后都有内容提要,大多数是针对读者、吸引读者的商业性提要。它会注重书中的重点,夸示书的成就,援引权威的评价,甚至制造似是而非的悬念。而学术性提要可以自成文本,如《河南文博考古叙录》,或颇具学术功用,如小野玄妙的《佛书解说大辞典》,但是它不会只讲重点,而是全面点到;不夸示成就,而有分寸的标示结论;不援引评价而直告读者;不制造趣味而力求简单、明确、直接。

读书,做书目卡的内容提要是对被读文献的检验,也是对自我理论能力的砥砺。

以上谈及的是引得卡片的第一类目录卡

片,而第二类文本卡片是我们平时所谓摘录卡,各种内容都有,唯一需要强调的是每一张卡片的内容都应该当时注明出处。因为有了上述的目录卡片,有了目录卡片中的索引项,你就很方便地注明了出处,以致养成习惯。

资料卡片做好后,就得归类整理,请参看《关于资料卡片Ⅱ【研究卡片】》一信。不清楚的地方请询问。

祝

愉快

朱青生

2000 年 4 月 17 日

6. 关于资料卡片Ⅱ【研究卡片】

写信时间

2000年4月12日

主题

资料卡片Ⅱ【研究卡片】

关键词

形式 元素化

内容提要

1. 研究卡片:拾取、记录、研究所需信息的最基本单位
2. 元素化:一张卡片一个意思
2.1 "意思"依于其在结构中的位置
2.2 对"意思"程度的确定依于个人知识的建构

收信人

彭俊军 冯华年 盛磊 张弢 张丽 张欣

彭俊军、冯华年、盛磊、张弢、张丽、张欣：

研究卡片与资料卡片Ⅰ(引得卡片)不同之处在于，研究卡片是读取者对资料的研究性、解释性的记录，而引得卡片是对引证内容的准确的摘录。这个问题各位都提过，最后是张弢去年要求解答，而张丽因学习急需也与我谈过一次，现在一并补充。

研究卡片与听课笔记、读书笔记是相互连带的积累学识的方法。每个学生都是从听课笔记开始进入学业，在读书笔记中发展自己的知识，最后利用研究卡片完成学业。研究卡片在学业完成之后，又成为人文/社会科学(包括某些自然科学)一般性的基本方法，伴随整个的学术生活。

研究卡片是个象征性概念。它的形式和内容都是相当丰富的，它也是一种"读书笔记"(读取信息的规范记录)，与学业中间的读书笔记不同之处在于，读书笔记以对被读对象加以理解为目标,而研究卡片除了包括这一点之外,主要以自我解决课题为目标。研究卡片的最早形式是先汉(即一般历史学家所说的"先秦")记载占卜(筮占)后,将每次验与不验记为策,归在一起,一年之后笼统检查,将应验者附于史册记载。虽然不能说这个说法有根据,但至晚在持此说法者时(在《左传》成书前后)肯定已熟练使用"研究卡片"的原型和方法。研究卡片的现代形式就是计算机的文档、数据库和各种表格中的待整理项,也就是各个单项。(所谓待整理者就是它的位置是可以转移和重组的,内容是可以变更的。)

总之,研究卡片是拾取、记录和研究所需信息的最基本的单位。它是一种有双重作用的工具:一面在科学阅读中拾取信息成为收集工具;另一面在资料收集完成后,对比、分析、判断、组合、结构、验证、阙疑、反驳、提升、推理而成为整理的工具。

做资料卡片的根本原则只有一条——元素化。简单地说就是"一张卡片一句话"。一句话只包含一个意思,一个意思是意思的最基本的单位。如果一个卡片上有一个以上的意思,在归整时就会找不到它的确定位置(整体结构中的位置),也就是说在卡片盒中没地方插。所以不怕卡片多,就怕意思杂。

在上述原则下有两个问题:

1."意思"的基本程度难以确定。亦即何谓元素。在一个问题之中它是元素,如果将这个"元素"当问题,它又可不断分割成为更小的元素。

2."意思"是根据在结构中的位置(context)决定的。当然你在做这一张卡片时,记录的是某一结构中的意思。但是,这个意思一旦抽取出来,就可以与其他元素关联而构成新的意思。

这样,做资料卡片的问题一下子就复杂化了。

解决问题2比较方便,就是将一个卡片复制若干份,在不同的结构(卡片盒位置)中反复出现。在第二次(n次)使用时,注明"参见某位置卡"。这样,可以无限制地使用一个卡片所记载的意思在各种结构中已有的内涵,还可以通过组合和检验,发现这个卡片所记载的意思未曾被分析和解释过的内涵。科研中所谓分析部分就在其中了。

解决第1个问题则要依赖于你个人对知识的建构,这个问题在给盛磊的信(《关于思考阅读》)中谈到过。也就是说如果在你的思想中没有一个自我的"书架",拾取来的信息就没地方搁,或者搁乱了,用的时候找不到,而这个书架原则上只能自己为自己建构,他人的书架只能参考。因为在思想中每个人的思路都是个人的,只有自我建构的书架结构,你才能随时增设、清除和整理,以便随时取用。

维特根斯坦采用了一种用阿拉伯数字构筑思想框架的技术。他用1表示一个大项,1.1表示分项,1.1.1表示细分项,以此类推。在结构上一目了然,在自己的心目思考中也各有归宿。这个技术被广泛借用,一般高中学生大都会用了,厂商的说明书也用此。但是这个技术有个要点常常未被注意,以至于妨碍了用维特根斯坦的技术建构来思考的作用。去年我在德国时,读他的一部著作,发现他自己也用得有点随意,但我觉得不应该随意。

在这个技术中最重要的是等值关系。比如第一档次的元素记为1,第二档次的元素记为1.1、1.2,依此类推。在某一个意思出现时,它还能确实归在 1 类下,但是它属于第 4 档次,中间隔了两档。一旦发现这样的情况,就不能被记为 1.1,而应该记为 1.x.x.1,那么这个元素在自我的"书架"中无论以什么元素分割程度出现,它都可以安置在恰当的档次上,而不会在一个系统中跳上一个档次,在另一个系统中又下降另一个档次。零星地看一个问题,似乎没有关系,但是一个人只有一个心灵,只能自成一个系统(书架)。从整体上看,乱一档可能会破坏整体结构。略可比照的是"生物分类范畴"中的"门、纲、目、科、属、种、型(品种)"结构,"种名"不能混到"纲名"中去,但是在思维中要较之复杂得多:

例如:
1 艺术
1.1 艺术　1.2 文学　1.3 音乐……
1.1.1 艺术　1.1.2 建筑　1.1.3 设计
1.1.4 电影
1.1.1.1 现代艺术　1.1.1.2 工艺　1.1.1.3 绘画　1.1.1.4 雕刻　1.1.1.5 摄影
1.1.1.1.1 德国现代艺术
1.1.1.1.1.x　J. Beuys
假如有了一批关于 Beuys 的卡片,并以此来研究"艺术"的定义问题,就要清晰地了解:Beuys 个人讨论艺术是 1 档的艺术,而一般研究他的人把他的问题归到 1.1.1 档的艺术或 1.1.1.1 档的现代艺术层面上讨论。这样一来,你收集到的各种卡片说的可能都是 Beuys 的艺术观念,实际上是在从"1 档"到"1.1.1.1 档"四个层次上谈问题。许多争论,都是其所指归不在一个层面上。忙了半天,毫无结果。如果只是闲聊想法,倒也无妨,如果用之于一个科研课题,则是混乱。

反过来看,如果用维特根斯坦的技术,严密地控制全体,控制每一个知识元素在你思维中的适当的层次和位置,养成一种条理,那么,当一个具体课题出现时,即可以照此办理,迅速、精确地构成做资料卡片和安置资料卡片的系统,又可以清晰地控制这一课题在自我知识和思考中的适当分量,不会因为自我的着重而夸大其价值,也不会因为精力的侧重而忽视全体。

有了上述的全体(整体结构),解决问题 1 就变得相当简便,你不再去忧烦一个意思是否为元素(是否是"一句话"),而是看这个意思是在哪一项的哪一个档次上的意思,即这句话是在哪个层次上说的,然后去记录、归整它,就会清晰。科学之外的"思想"也可使用这个相同的技术。

　　研究卡片因为只记一个元素化的意思,可以不必大、不必厚,卡片多一点,多找几个盒子就行,何况用计算机。当然还可以一个卡片标示几个结构号,可以省去复制。

　　祝
进步

朱青生
2000 年 4 月 12 日

7. 关于古文献全文数据库

写信时间

    1999 年 9 月 10 日

主题

    全文数据库

关键词

    国学 齐全 机械校对法 检索软件

内容提要

    1. "国学"第二次飞跃的基础

    2. 齐全——全:包含所有的古文献;齐:质量整齐

    3. 数据库是国事、公事

    4. 两个关键:机械校对法;检索软件

收信人

    张弢

张弢：

10月10日的信收到了，谢谢。

在7月我答应写信向你解说卡片的性质和使用。一直未做完，这个问题，他们读研究生的诸同学也问及，我把系列问题列在座前，反复思考，未能或忘。只是还要再安静一些，顺序写来。见谅！

今天先回答你数据库的问题。

古文献全文数据库的建立和使用是中国"国学"（中国人文科学）第二次飞跃的基础（第一次是甲骨文和敦煌文书的发现和整理），而且这一次飞跃将彻底改变中国人文科学研究的根本质量。也就是说，中国古文献全文数据库完成后，一个普通的研究生的文献功底可以接近乾嘉学派高邮二王（王念孙、王引之）及段玉裁的水平以进入研究；而教授可以更集中精力发现历史上从未发现的问题，解决有史以来不能解决的课题。

古文献数据库必须齐全。

全,是指所有古文献都包含在内,并可以用一种简便方法稽查。如果有部分古文文献不包括在内,那么就会在"数据统计"中丧失其最根本的原则——全面考查。如果各种古文献分属于各个系统,不能方便地统一检索,全面考查就不可能进行。不能让每一个研究者操作使用,空有文献库而不能全面发挥作用,虽可让少数人解决局部问题,但不会使之成为中国人文科学的一个新台阶的基础。况且,大家不能用,就不会有足够的理由和投入把古文献全部做成数据库。

齐,是指古文献全文数据库的质量要整齐。质量首先是原本的质量,要选择相对来说校勘得较好的本子作为底本,其他较好的诸种本子作为附录本。数据库相当于资料库的原始材料根据。制作数据库不是进行版本校勘,只要版本出处明确,就可使用。不必纠缠于版本间的正误,留给专家在数据库基础上去处理版本的问题。所以,数据库的质量主要是电子版本要与所录版本完全一致。

其实,齐全是不可能的。因为古文献留存至今的就是"烽火之遗叶",损失不可计数。

即使留存在世也因人为原因不可能一时尽收于库。而且古文献不断被发现,对已有古文献的整理工作不断贡献着新的成果。但是要求齐全是一种观念,一种信念。追求齐全,尽其力而不可得是一种天理,而不肯尽力,浅尝辄止,投机取巧则是一种人欲。数据库建设必"存天理、灭人欲"而后可。

至于不断发现和出现的新的文献和新的整理,只要了解数据库的根本性质是开放的,可以增补修改的,就不会成为问题。一旦数据库统一公布,必须配备专门机构管理。过去太学的祭酒管理石经,大概派个监生洗洗石碑,用墨拓一拓碑面,使人站在地上可以瞧见上半部分的字迹就够了,而今天主要工作是增补、修正。

建立数据库是国家大事,是中国国家形象的标志,应该由国家统一组织。古有熹平、正始石经,公诸天下,其现代形态正是今天的古文献全文数据库!不可能依靠民间或大学零打碎敲来做。中国大概有几百个地方做数据库。低水平重复,浪费大又增加了使用方式的繁杂和混乱,用的也多是国家的钱,即使是个人的精力和财富,也是天地之珍、人文之托、家国之有,容不得闲抛闲掷。有些商业机构也想"以经济工作为中心"做数据库,结果是炒起来市场,封杀了用户。我作为北大的教授,每年的教学科研经费平均几百元,学生又如何"买得起"数据库。所以古文献全文数据库的商业化,正好是对中国人文科学研究的阻碍,少数占有原本和资金支配权的个人,可能会为了私利而延误了中国国学的飞跃。

古文献全文数据库虽是中国国事,也是天下公事。除了港台地区之外,日本、韩国、美国、欧洲都有中国文化的研究机构,并动用他们国家和基金会的经费制作中文古文献全文数据库,其量和质不在国内水平之下。作为一个中国的学者,一方面欣慰,一方面惭愧:中国并非无人力财力,只缺乏统一管理,仅此而已。我曾想敦请学校主管校长给国家主席和总理写一份报告。后来转念一想,肯定他们已经知道此事(即使校长不呈报告),做数据库已是国内"流行事件",统一管理可能指日可待。

五六年以来,我们想方设法动手做数据库,体会到目前关键在以下两点:

1. 用机械校对法保证录入文本质量;

2. 设计套用全世界所有全文数据库的检索软件。

前年学校召开数据库讨论会,楼宇烈老师说:"又想用,又不敢用数据库。"所担心的就是校对质量。我们在做《全汉文》录入工作时,曾试着组织各种校对方式,但收效很值得怀疑。我自己的专著,前后校对六七次还是有错,个人专著那只不过涉及个人见解的表达,而数据库原则上不可有一点错误,那是不是要校对100次呢?录校数据以我们现行的方法,遗错不断。经过仔细考虑,应该实验"机械法"。不用阅读校对,而要改造一个软件,将所录之文按被录之文的文本格式、字体(大于90%相像)排印出,然后在透光的桌子上(相当于照相馆看底片者)机械核对,错一个字,上下就对不上,马上就能发现。这种核对,无需文字、学术水平,只要系统精密,理论上最普通的打字员都可以录100%准确的数据库。而遇有改字、断句之类,则又有最高水平如孙钦善、裘锡圭这样的老师来定夺,可一举解决数据库录入的工作质量问题。

在北大的讨论会上,有一位计算机系的老师提出要做一个比台湾《二十五史》更好的数据库。我认为数据库既是天下公事,不比体育比赛,如果想做一个好的,首先要使用已有的,看它差在哪里。台湾《二十五史》使用的是目前最佳的中华书局原本,并投资几亿元,好几个专家献身于此,十几年如一日;而且全世界的使用者不断为它反馈改进的意见,他们定期增补修改,再为所有用户更新。我一直在会上会下问,我们北大为什么不用?(现在中文系有一套可供内部使用。)如果北大有意使用,可以通过购买、交换、合作、索求,使用天下所有数据库,并可大量补充所无文献!针对各个数据库检索方法互异而且繁复的缺点,可设计套用软件使天下所有数据库在北大统一使用,成为一个完整的数据库。如果发现其中的确有待重做者,请专家选择善本,以机械校对法增补之。为国家数据库的开拓"兼并天下",北大不枉为中国第一大学。

但是,如果以为有了中文古文献全文数据库就一定能提高研究的质量,那就大错特错了。有时我特别注意有些西方汉学家用数据库,找一些字义和词式加以排列对比,统计核实,经常把一个字的不同的意义强联在一起,又把同义而假借,讹变为不同的字遗漏不计,并持统计结果为确证。真不如不给他数据库!那样他还可以反复玩味文意,不致简诞如此。数据库对中国人文科学的最根本的质量改变在于解脱了呆板记问之学,突显出分析、求证和解释的追求,使中国国学重在实验、验证、设计和研究,而不是老在数据记忆比赛中掩盖对人性根本的追问。

有了数据库,学人不是不要读原文,而是更要通读原文。利用数据库,一边读,一边可以周密地反复温习,杨树达先生的以经训经,人皆可达,而且演化为读书常法。没有数据库时,常常记得少则无从复查,记得多则拖累创思。

有了数据库,文字学功夫就提到使用者面前,越能识得变体、异体、俗体、古今体,越能读破假借字,就越会使用数据。音韵学功夫也提前,识得古音,深知省音、转音、方音,就可以利用数据库充分稽查检阅文献。

既如此,请时刻准备着接受这个国学的飞跃!

朱青生

1999 年 9 月 10 日

8. 关于提问

写信时间
　　2000 年 4 月 6 日

主题
　　提问的方法

关键词
　　问题　提问

内容提要
　　疑问:寻求知识
　　质疑:寻求问题
　　怀疑:寻求观念

收信人
　　彭俊军　冯年华

彭俊军、冯华年：

我希望你们在编纂《二次大战之后的绘画与雕塑》一书的同时，练习每天提出问题10个。

问题中大多数可能是知识性的，只要通过搜集证据，查考事实就能直接得到答案。有些是技术性的，要从学科已有成果中借鉴方法（其中包括思路、方法和处理手段）。但是，没有任何一个方法是以一当全，像一把利剑，仗之者可以横行天下。没有！解决特定课题的方法，必须是根据这个课题的资料和需要，在解决过程中逐步建构。

北京大学一百年来标榜以西方式方法研究中国的问题，这是一个开放的态度和主动误取的信念。1997年，在钓鱼台的《20世纪中国艺术研讨会》上，我已将以下的意见（解决特定课题的方法，必须是根据这个课题的资料和需要，在解决过程中逐步建构）向大会发表,根本质疑所谓用西方的方法研究中国问题的可能性(当然是指"最初提问和最终解决问题的可能性"而言,而不是说无需借助他人、他学科的方法。正相反,在建构本课题的方法之前,应该完全了解和掌握古今中外人类使用的一切相关方法)。当时,反应最为积极的是西方中国问题的研究者如 Martin Powers 和 Jessica Rosen 等人,也许他们熟悉和掌握的是地道的西方方法(也只能是西方的方法),而北京大学的教授们一开始采用的并不是西方方法,而是经过他们主动误取的,已经消化和改造的新方法。所以北京大学的标榜常常是一句说辞,实际并非如此,这是年轻的初学者首先要认清的。

中国的整体学术水平在国际间还处在追随的地位。许多教授直接采用欧洲和美国的教材;即使在研究中国问题特别是中国的古代文化问题(国学)时也是以王国维、陈寅恪等人为榜样,而这一辈人是西方方法的第一代追随者。所不同的是因为他们在追随之前接受的本文化的教养使他们处理问题时自觉不自觉地保持了主动取用他者的立场。也许,反过来说,由于早年的另一种训练,他们就不大能够真正学会、学到西方的方法,他们并不像后来的学者所认为的那样精通西学。如陈寅恪,学的是西方非常专门的东方学的知识和相关的西域死语言,号称会十几种外语。正如哲学家张志扬所问"陈寅恪真的懂西学吗?"我理解张志扬的质让是:(1)他没有像蔡元培那样全面研究西方成熟的学术思想和研究制度;(2)他没有采取西方当时最为紧要的问题:即传统与现代的冲突问题,即后来被归纳的"现代化"问题。北大校庆一百周年之际,一方面众人在欢庆成就,一方面本校师生们有一种隐隐的惘然落寞,因为北大标志的一百年的对他人精神的追随,是一个文化原创力的消弭,实在不是一件可以欢庆的事。

因此,提问就至关重要了。

提问不仅有学问中问学求知的动机,还有对课题的设置和解决方法的追寻,更有对精神成长的一种怀疑、辩驳和创造的积极鼓励。

1986年在中央美院,1989年和1997年在北大,我试着用每人提十问作为期末考试的方法来鼓励同学自我学习和独立思考。有几个评分规则记下供你们在每日提问中参照:

1. 可以在一般的工具书或教材中找到答案的问题无价值。(不得分)

2. 不能由现有的研究基础加以处理的问题不是科学问题(要能有意思,但在科学研究的范畴内无价值)。(不得分)

3. 经过反思的问题(自我问难,反复思考过的),对你个人有价值,同时也反映你的学术基础和理论能力。(得分)

4. 经过反思,而且因为此间而对问题清除(一问而使许多局部问题被超越)或升级(一问而使问题中他人在另一个层次上思考)。(得分,只要能在学生的一般程度上提出一个这样问题就可得到满分。)

以上的这几条评分标准实际上反映了提问的三种方法——

疑问:如评分标准第一种,目的是寻求知识。

质疑:如第二、三种,目的是寻求问题。

怀疑:如第四种,目的是寻求观念。观念就是对世事人生的观点和见识,人情练达,直指本性,就是从怀疑始。当然这已经超出了科学提问的范畴。

以上的评分标准中第一种问题不得分,

不表示这个问题无意义,而是要求个人精勤自为,披览搜索答案。问题虽有深浅,但是没有问题比"有疑而不问"更愚蠢!

当然,这样的提问还不是科研的真正问题——课题,因为课题要有基础(一般会要求硕士论文来完成)。这与我们的提问练习不同,对于课题设置的练习是本学期研讨课的教学目的,再说。

祝
工作愉快

朱青生
2000年4月6日

9. 关于科学语言

写信时间
　2000 年 5 月 10 日

主题
　科学语言

关键词
　科学论文　学期报告　科学语言

内容提要
　1. 论文规范:强调科学语言
　2. 理想精神:诚实和认真

收信人
　施杰

施杰：

《生命的震颤》一文已阅。现代"抽象艺术"中有两类，一类是从具体的自然形象抽取为纯粹的人为的几何形象，德国传统的Kandinsky、Klee以及Bauhaus诸位大师是其创立者；第二类是从人类的行为痕迹直接表达精神的活动，中国传统的书法是其渊源。如果我们要命名以示区别，前者可谓抽象（abstract），后者可谓非象（informal，法语词，表示无形象，无自然界具体的形象。但法国人却用之兼指抽象）。

二者作用于观者的方式也不同。前者利用形和形之间相互关系的视觉作用力，诉诸人的神经，引发心理上的反应。后者利用痕迹的运动轨迹，通过视觉引起人生理上的"内运动"而造成精神上的"合拍"和"共鸣"。作为制作方法，前者是可以调节、实验和测试的。后者是作者的内在修养和人格在一个运动瞬间复杂而微妙的表达，又期待于各个个体接受者的特别的反应,无从测试。我称这种非象的由书法演变而来的,并具有不可分析性质的创作为"人画",将这种作品称作"心图"。(附上一本专著,第五章就是论述这一点,另一篇论文发表于 1998 年。)你的文章初稿中有两处很有见解(第 2 页,第 3 行,15—16 行),我认为这是一篇有意思的评论。

但是你的文章不能作为我的研讨课的作业,假如将这篇文章作为作业,只能得到 61 分。因为它不符合科学论文的规范,也说明你还不会使用"科学语言"。如果也如你的习惯引用一些西方人的说法,那我们可以用维特根斯坦的话,说你还不知道(在科学和思想中)哪些是不能说的。(括号中心部分是我加的,因为维特根斯坦由于母语德语的影响,将科学和思想混为一谈。)我把做学期报告的要求附在下面,并请参看《学士论文参考规范》(见《关于学士论文规范和硕士要求》一信)。

学期科研报告规范

稿本:A4 或 16 开信纸,1500 字以上。

性质:纯粹科学练习作业。不是理论、意见、对话、评论、感想、杂文等(除非作为证据和资料)。

规范：

一、引证

凡举证据资料都必须已经发表（由公共渠道可以根据科学的理由查对、核实和采用的具有明确公布日期、责任人、发表地的文本、图像、数据和其他材料）。如果证据系首次公布发表，必须一次性提供没有版权/发表权争议、程度和质量足够满足其他研究者验检和复核的信息。凡引用都必须注明出处。

凡引用古代汉语，请在正文中转译成现代汉语，在脚注中附原文并注明版本出处。凡引用英、法、德、日、拉丁语，请在正文中译成汉语，在脚注中附原文并注明版本出处。

二、篇章

1. 论文根据课题需要，长短不限。

2. 尽量使用最清晰简单的结构（原则上可被机器识读）。即：篇名标明本文论题，各章章目标明本章内容和性质，各节节目标明本节问题，每一自然段第一句话标明此段内容。

3. 使用科学语言，完全不要求所谓"可读性"。语句要求平实，没有歧义，没有言外之意，逻辑关系明晰。

4. 凡新创术语,在第一次出版时加脚注定义。

5. 尽量使用量性表述。不是不得已的情况,不用形容词;尽量避免比喻、暗示、影射和意气。

6. 动词尽量选用意义单纯者,同样意义不变换动词。

7. 理法采用形式逻辑,不用印度传统的"因明"和中国传统的"两可"道理。

三、图版

1. 原图:照片。凡对图中不清晰的图像加以补充、解释或复原,必须附线图,复原、补充部分应在线图中明确区分。

2. 图示:平面图、立体图、剖面图和效果图清注明比例、方位。

3. 图解:引用、剪裁局部图像注明原图出处;对比图用统一绘图规范绘制对比部分;指示图中所指示部分在图上标明数字或字母。

四、索引

1. 主题词:根据国家颁布的主题词表标在篇题之下,各词之间以破折号相连。

2. 关键词:为本文关键词汇,已在主题词中出现者重复标出,各词以逗号隔开;关键词数量根据课题需要决定,一般控制在1.5个/千字;关键词即索引词。

五、参考书目(附于文后)

以上的学期报告只是针对综述性练习,这是为硕士学习准备的练习。这一次我们的研讨课要求的报告是"课题性练习",侧重在选择课题和解决问题,是为博士研究准备的练习。但是基本的要点还可以参考。因为上面"学期报告的要求"强调的是科学语言。

中国当代作为整体上学术之薄弱、思想之肤浅的原因之一,就是不会使用科学语言。因为不要求使用科学语言,也就不能造就中文的科学语言。你是一个年轻的学生,一入大学之门,就受到了侵害。你来随我学习,我就尽心尽力教你,当然你也可以拒绝。

科学语言不是单纯的文体问题,而是一种"诚实和认真"的理性精神的锻炼。理性中有二种,第一种我称之为理性I——算计性:对因果逻辑的求证,最佳手段是数学。但数学语言不是人的母语(既无形相牵连,且不能与母语互译),所以逻辑因果求证应该用母语也能进行。况且许多问题不便或暂时不能转化为数学,所以母语必须承担算计性。那么,被用作算计功能的母语部分就是科学语言。现在你再回过头来看《学期论文要求》就会理解其中各条都与此有关。

理性还有另外部分,称理性Ⅱ——思想性:对真理的反省和追求。① 真理是人的设置,是一种信仰的对象和意志的存在。我们可以说真理是没有的。但坚持没有真理也是一种意志的存在,也是一种信仰。所以执持"没有真理"也是一种"变形的真理"。真理是无有的存在,就像艺术一样。一旦为人追问,成为意识,它就存在。算计只能解决有边界的问题和可操作的问题,而思想则包括上述问题之外还涉及幻想、信念(无需证明和不能证明)和觉悟(一种由具象的局部感受而引发的全体的超悟)。而且思想与思想之间可以并存,无从验证,因为前提是人的设置,是信仰和意志的对象。如果两个人设置不同,根本无从对话,更何谈印证,这就是所谓"道不合不相与谋"。

---

① 有些理论划分理性为工具理性和道德性,是从理性价值判断方法和取向上着眼的划分。工具理性主要是算计,但也建立在真理即有效的设置上。道德理性也要作推理过程的计算和价值程度和等级的计算。我们的两种划分在于区别科学与思想。再进一步,区别理性和理性外(艺术在理性外)。

我们目前的作业就是进行科学训练,而不进行思想训练。我们所进行的艺术学是利用艺术资料进行社会、历史和文化、艺术中的科学课题的研究,而不是研究"艺术"。康丁斯基在我们课程中只是一只荷兰猪(一种实验用的没尾巴豚鼠),对他的作品喜欢、理解或体验与否和本课程无关。"我们不爱荷兰猪",所以它才成为科学的对象。你要从康丁斯基相关的材料中发现"科学问题",并找到方法和证据解决问题,而且这个"解决"如果另一个研究者从另一角度和另一些材料验证,答案应该基本一致。科学的成果必须是可以重复和验证的。

艺术的理论工作者却有一样思想性或艺术性的工作,就是艺术批评。它是一种附着于艺术活动的思想,有时它又是解释性的创作(艺术)。艺术批评本身不属于艺术学,而作为学科的"艺术批评学"——关于艺术批评的科学才属于艺术学。其中艺术批评材料又成了"荷兰猪"。

因为中国学术和思想二者当前都未发达,所以一些大学文科工作者将科学与思想搅在一起搞,最大的隐患发生了,人可以说谎,至少可以把投机取巧、道听途说、剽自他书、未经验证、一厢情愿、中伤他人或毫无价值的陈词滥调组成文章。因为"思想"是无从证明、无需证明的理性，可以拉出来掩盖一切暧昧、偏执、鄙陋和卑劣。所以，我们的训练从科学着手，不许涉及思想，其中就不会放过半点虚伪，尽量减少人为的偏差。它既是一种科学方法的训练，掌握了它可以解决问题；它更是一种理性的锻炼，有了诚实和认真的精神和习惯，再进入思想，就会融入无尽和永恒。

我给你写这封信，并不是认为你的文章不好，也不是说评论文章不要做，正相反，我正计划在中国艺术界引发一次关于水墨抽象的讨论，如果你在基础知识和理论结构上加强一下，希望你也参加。我只是想解释什么是科学报告、科学工作和科学语言，以及坚持它的用意所在。你是在我这次课上第一个交论文的，谢谢！

祝

进步

朱青生

2000年5月10日

10. 关于学士论文规范和硕士要求

写信时间

 1999 年 4 月

主题

 学士论文

关键词

 学士论文 硕士

内容提要

 学士论文参考规范的四个方面

 1. 硕士要求

 2. 科研能力和水平的要求

 3. 硕士学位论文的基础要求

 4. 课程要求

收信人

 彭俊军 杨钋 陈心珠 冯华年 盛磊 张丽 张欣

彭俊军、杨钋、陈心珠、冯华年、盛磊、张丽、张欣：

你们已经进入了硕士学习阶段，硕士学习应该是在完成学士学位的基础上进行的，所以先把学士论文的参考规范再次附上，然后再告诉你们我对本专业硕士研究生的要求，仅供参考。

学士论文参考规范

宗旨

以论文方式证明学生已经全面完成本科学业。分为4方面：全面掌握了所学的专业知识；了解学科的基本方法；在教师给定的课题中模拟性地解决课题；以规范格式撰成结构完整的作业。

具体解释

1. 全面掌握了所学的专业知识

1.1 科目：全面涉及本专业的各门课程和

其他相关科目。

1.2 常识:对各门课程的概念、理论、主要成果的了解与运用。

1.3 进一步深入的方向,知道专业相关的参考文献的获得途径,其中包括:a. 了解大学图书馆和本专业资料室的藏书、资料与数据库;b. 运用 Internet 的资料的能力;c. 个人在学习期间积累的材料。

2. 了解学科的基本方法

2.1 收集资料:现成资料的整理、分析、对比、判断。

2.2 论证的思路:确立一个主导思路,展开观点,对自己不同意的观点列出并加以说明。

2.3 引用与注释(见《关于注释》一信)。

3. 在教师给定的课题中模拟性地解决课题

3.1 自己选择课题并明确选择的理由(解题)。

3.2 对课题的范围作明确的规定,限定在现有手段可以处理和解决的范围之内。

3.3 设计出解决课题的方法。

3.4 用上述 1.1、1.2 的知识和 2 的方法模拟解决课题。

3.5 试用1.3的资料进一步解决课题。

4. 以规范格式撰成结构完整的作业

4.1 标明专业、指导教师、姓名、学号、论文提交日期和地点。

4.2 题目:明确地表示本文内容。

4.3 列出提纲(相当于详细目录)。

4.4 以简洁明晰的结构列出章节(小标题或段落提示),显示解决课题的过程(2.2)。

4.5 根据章节结构提供准确的论证根据(2.1),每个论据必须有出处(2.3)。

4.6 各章节形成明确的小结。

4.7 在所有章节最后形成明确的结论。

4.8 对结论的价值和缺陷作补充说明。

4.9 列出参考文献目录。

4.10 附录或附图。

4.11 关键词即索引。

4.12 后记:简短记叙本科学习历程,所受相关帮助和资料来源,致谢师恩。

硕士课程要求

美术学的含义:

利用形象材料(图画、雕刻、建筑、工艺品、印刷、设计、图案、符号、标志、照片、电视画面、电影画面)结合文献和数据研究历史和文化问题,同时探讨人类视觉传达的历史、方法、理论和发展等问题。

一、硕士科研能力与水平

科研能力与水平的基本要求(可列出证明其科研能力与水平的检验标志):

1.知识水平

1.1 基础知识(通史、哲学、古文献学、外语2门)。

1.2 相关知识(文学史、音乐史、科技史、心理学)。

1.3 专业知识(艺术通史、艺术原理)。

1.4 课题知识(与研究课题相关的已有的全部科研成果)。

1.5 实践知识(组织展览、策划美术活动、经营艺术品和编写教材、教具图录、展览说明、通俗读物)。

2.研究能力

2.1 基本科研能力(规范运用科学方法与科学语言,明确区分科学、思想和文艺活动的差别)。

2.2 专业研究能力(利用形象材料进行科学研究工作的专业方法掌握程度)。

2.3 课题研究思路、方法和技巧(对本课题已有思路的了解和批判,综合了解本课题现有的全部研究方法,基本掌握研究本课题的专门技巧,如制图、文献对勘、图像分析等)。

2.4 规范撰述硕士论文的能力(严格地撰写格式规范的论文,必须不是学士论文,也不是博士论文。下文详论。)

二、硕士学位论文的基本要求

学位论文的基本要求(包括学术水平、创造性成果及工作量等方面的要求):

硕士学位论文是学生在完成高等教育之后,经过专门的培养而对某一学科方向有全面了解并具备一定研究技能者向指导教师提交的完整的汇报。它是学生的科研能力和水平通过本专业领域某一特定问题表现出来的一种证明。硕士论文作为整体一般不用于公开发表。

艺术学美术学方向的硕士论文是上述"科研能力与水平"的反映,它必须是综合地借助单一课题周密地显示论文提交人全面收集古今中外全部研究成果,并对之加以分析、对比、批评与整理综述的能力和水平。硕士论文对这一课题科学综述的覆盖程度、分析的深入程度、综述的合理程度,是硕士论文的评价标准。

硕士学位课程是进行中级研究的必要训练,硕士学位的获得,是进行中级研究的一种资格。所谓中级研究,并不是指硕士所能从事的研究工作的级别,而是指科学活动中一个重要的步骤和阶段——"本课题研究的综述和批判"。这个阶段是每个科学家必经的阶段,它包含着科研工作必备的能力训练,即使是成熟的教授,也经常从事这一阶段的工作。在科学研究的这个阶段可以出现名著和很有分量的科研成果。所以,硕士学位论文不能简单地看成是高级的学士学位论文或低级的博士学位论文,而应视作一种学术规范。在学术价值上,完好的硕士论文可以高于有缺陷的博士论文。硕士论文作为博士论文的前提,也是与上述的步骤和阶段相一致的。所以,除了在专业课题中具有从综述、批判到试验、研究论证、检验明确的一致性之外,没有硕士学位不能进入博士课程。但是,有相应的综述科研成果公开发表并能证明作者知识水平和研究能力者,应该视为具有同等学力,无需有硕士学位即可进行博士课程。因此,硕士学位论文是一种必要的学术训练的成果之证明和实在的、可以测试的资格,它可以在硕士课程之外完成。但是,大学的研究生院和科学研究所的硕士课程是训练和教育硕士最有效、最有保证的途径,也是规范和确认硕士学位的合法机构,所以,一般要求硕士论文在硕士课程中完成。

三、硕士课程说明与举例

1. 硕士课程结构:

	美术学
基 础 课	英语 2
	第二外语/古汉语 2
	计算机 2
	世界文明史(用英文课本四册)2
	中国文化史(分段在各系选修)2
	外国哲学/美学史 1
	中国哲学/美学史 1

专业基础课	外国美术通史 2
	中国美术史 2
	美术概论 2
	美术批评 2
	其他置换课程：如美术考古、美术鉴定理论、博物馆概论等
专业课	美术研究方法 2
	美术图录编撰(实习)1
	展览/博物馆组织管理(实习)1
	报刊评论(实习)1
	美术学教学(实习)1
	美术实践(绘画/书法等)1
专题课	导师指定 4

2.硕士课程方法：

2.1 硕士课程的基础课(必修课)是在本科基础课的基础上建立的,但不同于本科的基础课程,它包含两类：

2.1.1 示范性基础课。硕士应该具备的专业基础,不可能由课上完成,而主要通过自学完成。在"广泛深入的程度要求"和"有限的课时"的冲突中,选择一个段落和专类作为课程内容,按"广泛和深入的程度"要求授课,由此作为一个示范,布置和检查课程内容不能包括的自学内容。

2.1.2 补充性基础课。本科基础课中不包含的内容。

2.2 硕士选修课。

以上规范适合于人文科学,对彭俊军正在主修的政治学、杨钋的教育学、陈心珠的经济管理学等社会科学还有另外的要求。

朱青生
1999 年 4 月

11. 关于学术翻译

写信时间
    1998 年 4 月 19 日

主题
    学术翻译

关键词
    组合翻译　译场　规范

内容提要
    《艺术史》译后记

收信人
    陈心珠　彭俊军　李诗晗　田原　刘平
    盛磊　魏苑　冯华年

陈心珠、彭俊军、李诗晗、田原、刘平、盛磊、魏苑、冯华年：

今天我撰成了《译后记》，对学术翻译的思路、方法和技术一一作了交代，并总结了这次翻译工作的经验和教训，现在转给你们。

译 后 记

译毕，兹将诸事附记于此。

第一件事，译书经历。

1983年，人民美术出版社打算出版《艺术史》台湾曾堉译本。陈允鹤先生托我将台湾版文字校勘一遍。核对原文时，发现译本意译之处较多，甚至还夹有台湾的俏皮话。即把此况报告陈先生，因而决定重译本书。此为译作之始。

如何译制原作？当时学术界正探讨这个问题。从态度上分为两种：第一种主张不拘泥于质量,尽快译出,聊胜于无。第二种即我们的主张:要尽全力提高译文质量。80年代初,一时间并露头角且着手译书者既有硕学的年老学者,也有积学待发的中年学者,更有与我同年的"文化大革命"以后上大学读研究生的年轻人。"尽力提高译文质量"虽然是同一句话,对于这三种人意味不同,也会各有措施。我们的措施就是"组合译制"。

"组合译制"是美国翻译协会重译《圣经》的方法,当时在外交学院英语系的时和平,正向美国翻译学会会长讨教这种方法。同时,"组合译制"也是玄奘慈恩寺译场的旧例。方针确定后,我约请了中央美院从事外国美术史的毛君炎、李维琨、孔长安,艺术研究院美术研究所的张保琪,南京师大美术系的胡朋组成专业知识见长的一方;同时约请了时和平、孙健龙、顾上飞专门从事英语教学者组成语言知识见长的另一方,规定各人先试译一段,所有的译者通看所有试译稿,以统一规范。然后两方人员穿插分取原稿段落译出初稿;接着互校初译稿,专业见长一方的译稿必由语言见长方校改,反之亦然。互校后,再汇集到我手中通稿;通完稿,最后交付邵大箴先生审读一遍。经过一年有半的工作,事成。

当时,邵先生和我都参与编辑《二十世纪文库》,执行主编李盛平动员我们将此书编入文库。因为出版编辑工作尚未做,我就冒昧地去同陈允鹤先生商量,他同意了。于是此书改由华夏出版社《二十世纪文库》编委会负责出版,并正式预告、征订,定于1989年出书。由于种种原因,到了1995年,我留学欧洲归来,发现已经画好版式的书稿还存在华夏出版社的仓库里,而当年的译者已如星散。

也在1995年,我当年的学生、中央美院的诸荻译出了本书1991年的第四版增补的部分,并建议张琳、何非两位出版家征求我们的旧稿。我就托人帮忙,蒙徐金廷总编的亲自搜寻,找回废稿重续旧事。何非先生胸有成竹,决定重整译稿,定期10个月,1997年10月30日定限。我找到仅能联络的原译者,都无意再做工作,又托求高水平的校者,也未被接受。于是我只能独自抚稿思旧。一方面将旧译稿用作讲义,推敲分量;一方面通读稿件,校订内容。并先由温雁,再由盛磊、冯华年、魏苑读打印稿,做文字的编辑工作。10月中的一天,后三位同学突然"发难",问我为何倡导学术的"诚实、认真",却放任旧稿十年后不重制作而面世。我心中感慨不已,真可谓悲喜交集。所悲者,一本译稿,十年尘封,十多年来国内学术水平进展很大,当时所尽心力已不能符合要求。我这一代人,也已从20多岁的年轻研究生、助教,成为游历多方的中年学者、教授,对自己的缺憾,倍觉难堪。所喜者,"尽力提高译文质量"在北大学生中已渐成风气。本来在"重译"与"收拾残稿"两可之间徘徊的心绪,顿时倾向重译,犹豫难决的心情忽如烟消。这时,我手持按约整理完成的旧稿,奋勇来到何非先生面前请罪,并坚持重译。此境竟何似14年前持"台湾版"面对陈允鹤先生,当年重译多少为自以为是,今日重译则是自以为非,十几年风雨竟造就如此境遇,我心中确有一种坦荡的喜悦。何非先生很吃惊,眼中的斥责稍纵即逝,他当即表示非常理解我的心情,宁可承担出版风险,也要支持我了却心思。第二天,我召集了8位学生陈心珠、彭俊军、李诗晗、田原、刘平、盛磊、魏苑、冯华年组成了工作小组,再一次采用"组合译制",重译《艺术史》。这次重译,沿用旧译稿的全部成果,实际是第三组人加入了前两组一道工作。首先推敲了各种格式规范,然后各人分头根据原文重新校译,每人再分别与我逐句核译第二遍,然后译成草译稿,一部分发向选修西方美术史的北大同学广求意见。一部分由小组人等组成研讨会,每周一部,详加推敲。其间又有贺龄华老师,邹桦、唐克扬、李旭、庄蕾、刘超、李丕光、张逸、戴行钺教授,刘子珍、张殁等协助工作。草译稿的意见全部集中后,交与该部责任人,逐条讨论、修改,打出清译稿,再由专人通读清译稿,润色,最后由我通读润色后的清译稿,结束。

第二件事:译书方法。

译书经历记叙我们的工作,工作又是由一系列方法来保证译制过程的进行。

首先,制定了一系列工作用表。其中包括《译名表》、《术语表》和《专门词语表》。在本文译制时,上述各种词语一律保持原文,并按字母顺序记入上述译名表,在表中给出参考译文(词),并注明准确出处。待全书译完后,专门清理给出定译文(词),然后代入正文。

所有音译译名规范如下:

译名中地名、人名、民族名皆据新华社所编《译名手册》处理。未有专门译名手册语种译名,据新华社1973年编《外语译音表四十种》译出。斯拉夫语系的译名按拉丁语转写后的读法译出。(《俄语姓名译名手册》后所附《俄汉音译表》中虽有斯拉夫字母转写为拉丁字母的规范,但是根据此表反过来从拉丁文转写成斯拉夫语则不能准确。所以谨按原书拼法译出。)阿拉伯语因转写方式多,以文中给出的拼法译出。小亚细亚地区的现代地名,据土耳其译音表译出。古希腊罗马神话中的译名一律以罗念生在《希腊罗马神话词典》(鲁刚、郑述谱编译,中国社会科学出版社,1984年)中详加说明的译音为准。与基督教相关的词条一律根据《基督教文化百科词典》(济南出版社,1991年)为准。

习惯性音译译名分成以下几种:

地名以《最新世界地图集》(中国地图出版社,1995年)为准。

人名以北京大学历史系编《世界通史》为准。如查理曼大帝，本应按其母语译作卡尔大帝，屈从习惯译法，而且在他未称帝前只称查理曼，加注"未称帝"以辨析史实。

艺术家人名的习惯译法比较难于把握，历来各译家对艺术家习惯译名采纳不一。我们采取了特殊测试法。以非艺术学专业的目前在校大学生的经验为准，决定取舍。之所以订立这一标准，是因为此书读者为大学生和一般知识分子，设定一个时段的社会性"标准"是可以成立的。本书中凡称名略姓、用定冠词或"我们的"指称艺术家，一律改称其姓以便前后阅读核实对比。再如："达·芬奇"则用其姓（实际相当于中国的地望），而"米开朗琪罗"则称其名，皆归入习惯译法类处理。意大利语人名中的"da"、德语人名的"von"、低地国家人名中的"van"和"van de"、法语中的"le"等基本上都作为姓氏组成部分译出。

关于教堂名。当出现 St. 或 Sta. 时，如果其后的人名在《圣经》中有，则根据《圣经》人名翻译；如果没有，则根据此人所属国的人名译法翻译。

术语和专门词语的选取方式分两部分。其一,本书书后自带术语形成的《术语表》。其二,凡在文中出现的术语和专门名词而自带术语表未收者,全部列入工作用表。这部分中在译制工作结束后,凡不列出则影响理解文义者,汇入术语表并加符号标出,此部分实际为译注。凡不影响文义,虽然在工作过程中做了查考注释,也一律删去,不出译注。

专门术语的译法在没有错误的前提下,尽量利用中国现有相关辞典、辞书和已有译编著作的译法,不出新译,以便于读者的阅读习惯。凡一词已有多种译法,先行收集,对比参较,并检查英文、德文的词条解释,而后确定。在术语译法里保留着中国第一代外国美术史专家、我的老师秦宣夫先生的译法;第二代外国美术史专家、我的导师邵大箴先生及中央美院各位老师的译法,以述绍渊源,不忘师恩。术语译法还保留了现在"中央派"(北京中央美院系统)、"浙江派"(杭州中国美院系统)以及上海、南京、广州各位前辈、同仁的译法,范景中专门惠送了他的译名表,杨思梁亲临参究。如果我们自出新译,必有说明,说明虽不能附于书中,但都返寄给持其他译法的同事,仅供参考。

根据拉丁语翻译原则,译语与原文应一一对应,一个原文词只能译作一个本文词。这个原则在西文系统内部(或拉丁语语系内部)的翻译中可能实现,而西文译作中文时,必须一词多译,如"pathos"在希腊时期根据亚里士多德《诗学》理论译作"悲悯",而在浪漫主义时期则译作"凄婉";"panel"在埃及和西亚文物中译作"石板",在希腊建筑中译作"饰板",在中世纪时译作"板面绘画",在尼德兰绘画中译作"板面油画"。如此处理后,在译名表中,并列为"中文1、中文2……"。索引时,按各自译名搜索,不相混杂。

其次,将"图例说明"、"年表"、"年代标示"、"加注原文"、"保持原文"等各种译制问题列为专项。每项在译前预定一套详细规定,由各个译者照章使用。每改动一处,则给出"补充规定"立即通知全体,随即全面执行,草译完成后,规定也在译文中经受各种上下文的代用,各种语境的检验,从而得出肯定的详细规定,再在校对时检验,所有改动,均为全文全面改动。

各种规定不厌其烦,以尽可能保证在全

书中合理和统一作为准则。但也非一味琐碎,有些规定正是为了简洁明了。如凡遇非英语的专门词语,在其第一次出现时则用括号注出原文。这类词一般又会再次出现于书后的《译名表》中,以备索引。又如,凡不译更便于使用者则保持原文。诸如图例中的作品收藏地,除了12个特别重要的博物馆名译出之外(据《世界美术》编辑部"世界重要博物馆译名表"),只要不是本文中特别提及者,一律保持原文。同理,参考书目,图片版权声明等均保持原文。

苦于艺术作品名在中文中缺少明确标点。原文中,指称此件作品用斜体,指称一类作品,或是指称作品中的情节、人物、作者风格时则不用斜体(虽然原文中不是十分严格),而在中文里常用引号和书名引号权当代之,前者易混同于引文和特别加以强调的词语,后者易混同于书名。所以特在此书中引入作品名专门标点符号"‖　　‖"。而且规定,在作品名中含有其他作品名,则在所含作品名上加"|　|"。同时规定了在何种情况下加"‖　　‖",以表明是否特指此作品,并在作品用作形容词时规定了区分办法。

原书中有些明显的印刷错误,径改,不出校记。

上述译书方法并非我们别出心裁,相反,我们主张尽心吸收和配合已有翻译成果。最佳之译,应无新词而意思准确。则一书之译,天下之心也。

第三件事:遗憾。

"经历"与"方法"记述了译者的努力和措施,但是,现有的译制结果并没有完全实现预设的目标,留下不少遗憾。

最大的遗憾是担任主导工作的我水平不高。个人学识浅薄、见闻不广、英语语言功底差。除了对旧石器时代、当代欧洲艺术做过专题研究之外,在12年大学学历中,所修课程虽涉通史,却未曾深究。书中所列作品逾1000种,我所亲自观察过原作的不足半数。又因我留学在德国,英语非我所长,本不肯再度接受出版社的校改委托。曾在北京大学等地为之历求七八位高手代我收拾此书,皆因他们有更为重要的工作,兼本书前期翻译已留下隐患而无人承担,我只得冒昧从事。本书为多人翻译,每一部分至少都经四人译、校,但是本书所有部分都经我确定,一切错误皆由我负责,在此我恳求识者法家指教,便于在修订时校正。如有辜负众望之处,是我自取其辱。其他译者水平,不局限于此书,绝不能因我的水平不高而影响他们的声誉。

第二层遗憾是"组合译制"的组织不够稳定。首先是没有稳定的译场,目前大学或研究单位都没有基金以支持一个学者组合进行持续性学术工作,因此必然难求稳定的文心。其次,我们的第一次组合,理论上是合理的,但是由于上述原因,大家出于不同的情怀接受了我的约请,或有心把译文做透做好,苦无精力与时间;或本意不一定赞同组合译法,出于与我个人的感情而接手,就给译文造成许多不周到、不尽意的地方。第二次组合,理论上也是合理的,但是人员都相当年轻,学术经历刚在拓展之中。如果第二组的诚实而认真的态度与第一组的见闻与经验的资历结为一体,译文当可傲世。目前从译文的某些部分来看,也许还不及一个专心译者独立完成的译作,但是,我们坚持我们的方法是有道理的,这次做得不能尽善是人员和时代的局限,但方法无可怀疑。

第三层遗憾是原书的问题。

其一，本书最先(1984年)是从第二版译出，译制进程中出了第三版(1986年)，又按第三版修订译文。1991年原书出了第四版，但中文译制权获得的是第三版。根据知识产权法，我们不能据第四版修订译文，但根据学术的基本规范，必须根据新版修订。为了解决这个矛盾，我们"为了法律和学术"，只能将所有第四版改动之处，列为若干条，附在本文之后，作为学术说明。诸获译出第四版所增的最后一章，发表于《世界美术》，请读者参照。

其二，原书作者 Horst Woldemar Janson 已于1982年去世，第三版起改由其子 Anthony F. Janson 修订。除了少数新出重大学术成果插入主要章节，文字变动很少。所补部分主要是80年代以来的艺术现象。小 Janson 的行文风格与其父不同，由于我们译者较多，未能在中文中体现这种区别。在对其父旧版内容的增删中，有的改得很有见识，如在十九世纪部分补入摄影史并论述了摄影技术的出现对绘画的影响；加入了关于女性艺术家和黑人艺术家的章节。但也有的地方改得莫明其妙，如删掉《编后语·东西方的交融》一文，这是老Janson宽广的学术眼光和文化视野的体现。更有甚者,新版将年表中政治/文化的东方坐标,如中国的各朝代的兴废等,也通通拣出删去,把老Janson将艺术史作为世界通史的努力,退缩到艺术史就是西方艺术史的偏见之中。

其三,原书是否是一本出类拔萃的著作,值得花这么大精力去翻译? 在美国的杨思梁博士专门来北京大学作过一个简短的报告,说明当今英语艺术通史出版的概况,并说这本书只是三四种同类著作的一种。他建议我们应该自己编写一部艺术史表达我们自己的哲学思想和艺术观念。我们感谢杨思梁的信任和希望。我们完成这部书的译制,不仅是了结绵延了15年的一桩事情,而且主要是因为学界需要这样一本书。它毕竟是一部值得拥有在手的分量适中、质量可靠的艺术史。我们自己是在编撰教材和通史性的世界美术史,但是,国内的学术环境和学者的数量和总体质量还不足以全面研究世界艺术。在译制工作收尾之际,我已向我的学生们呼唤:我们立一个20年后的约会! 请现在正开始进入艺术史研究的学生去闯荡江海,到时来践今日之约,中国将有杰出的艺术史!

朱青生
1998 年 4 月 19 日于北京大学

[世界图书出版公司将于 2011 年推出"组合译制"大作《简森艺术史》(*Janson's History of Art: The Western Tradition*, 7e) 第 7 版中译本。]

12. 关于注释

写信时间
　2000 年 4 月 6 日

主题
　注释

关键词
　注释六法　科学注释　哲学解释　通俗注释

内容提要
　1. 注释六法：考据、集注、校勘、解释、相关、引证
　2. 科学论文注释和哲思的解释学区别
　3. 科学论文注释和通俗注释的区别

收信人
　陈兴玛

陈兴玛:

根据你提出的论文注释的问题,先把注释的六种方法附上。

第一级注释:考据。凡本题目之外的学术问题,即与本文题目相关又不适合在本文中陈述者,另出一文,其中所有注释材料均随文给出,不再出注。

第二级注释:集注。综合各家之说,并对比分析,作出评价和推定。

第三级注释:校勘。对引证文字资料作出校勘,附校记,并包含对资料的价值评价。

第四级注释:解释。文中不必、不可、不易理解的部分,剔出另加详细解说,尤其在名词、概念、术语的所用特指定义与一般定义发生分歧时。

第五级注释:相关。与本文题目无逻辑关联。附录在旁,以备稽查。

第六级注释:引证。注明引文、引证和资

料的来源和出处,不对资料价值评价或推论。用作者名的拉丁拼法,加版本年代再加页码,可通过文献目录复核。

上述方法都是学术论文通常使用的陈法。所不同在于二点,其一,有些注释将以形象复核,少附或不附文字。其二,所有古文献在本文中皆用现代汉语说明援引的确定意思,在注文中附原文和出处,以此避免任何理解上的歧义,也便于验证对与错。

关于科学论文的注释问题,其与一般的注释、解释、阐释问题有区别。释经学(Hermeneutic)所揭示的人对文本的历史解释,以及解释的变化,与科学论文的注释关系不大。所以,我们在现代研究中,尤其是人文科学工作中,一方面要了解注释学带来的变化;另一方面要了解60年代以来,对哲学中的解释学的过分强调,使一般的学者把科学论文的注释方法和解释学的方法混为一谈,以至于失去了对注释的科学性质的把握,而一味地搅在对注释的哲思性质的是非之中。

释经学/解释学作为一种哲学思考,主要揭示的是在人类历史上非科学注释对文本的误解和主动误取所造成的差异。这种差异一方面记录着历史,因为所有误解和主动误取都有两个历史因素,一是"因何"(解释者的文化背景和思想环境所构成的条件和原因);二是"为何"(解释者的当时、当地、当事和个人所执持的动机和目的)。因此,解释是历史的。

因为解释是历史的,所以如今人们又可以反过来研究曾经出现过的对一种文本的不同解释,来探索历史上的精神现象和文化现象。再进一步,因为发现了人类曾经有过的解释都是看历史条件的,所以对认识论产生了新的规定,由此类推,也许人类进行的一切解释都是无意和有意的主动误取。所以,人类的知识都是一个历史上不断变化的解释,而且这个解释还将继续下去,没完没了。更进一步,如果人类的知识是一个永无定论的变化着的解释过程,那么,以人类的知识——即人对自身和世界的逐步认知与把握——为根据的信念就发生了根本的动摇,人类可能趋向真理,历史所做的一切努力只不过是某时某地的某人做某事的精神活动而已。无疑,对于清除任何理想的规范,压抑人性和个人幸福的前现代社会观念,解释学是一个有力的扫除,它不再质疑这一理想或那一个理想的问题,而是质疑形成理想的方法。方法不能合法地到达真理,凭什么人们可以执持任何一种真理?但是,解释学的根本问题是设定人类的精神活动(以对《圣经》或经典文本的注释为典型代表),就是为了逻辑的追索。为了找出原因,为了因果关系的最终"解决",解决的终点就是"真实"或"本质",对"本质"的揭示和证明名为"真理"。这是希腊传统,是人类精神的一个方向。

换一个方向,如果循着印度传统,专门破坏对任何原因固定的执持,根本上不允许发问,"语言本身就是障碍"。因为语言是认识的结果,而认识是人先从表面现象开始的,表面现象是本体(存在即"是""如此")偶然的、片面的变现。根据偶然的、片面的变现的结果归结出来的人的语言/知识,是一个大的东西的局部,用局部来表述这个大的东西永远是局部的,因为那个大的东西只是一个东西、一个全体,全体不等于局部的相加。语言作为局部,运用语言提问也是局部。对于全体,一提问,已错在局部,所以不能问,当然就没有逻辑,消除因果。虽然可以说是因缘,但毕竟全是假设。一为破斥而利用已有的语言和理论,二为救度已沦陷在语言和局部中的同类。当局部被消解之后,个人就是全体,内外、往来、物我没有界限,精神的最高目标于是实现。破斥道理即是真理,无理方真。

在这个方向上看注释,注释只是针对听者的消除过程,听者存何已有的(执持)的理,就破他这一项。在注释的初级阶段,还可符合解释学的法则,但是最表面的问题常常很薄,一经穿透,马上遭遇人的幸福问题。这个问题无今无古,旧石器时代和计算机时代没有什么结构上的区别。所以解来解去,只是对应的双方在问题的偏向上的相互清除,没有历史,也没有多余的、丰富的动机可资研究,解释学无效。

再换一个方向,如果循着中国的传统,世界的发生和演变从来都是所有因素协作的现象,而这个现象没有停止其演变,各个因素不间断地作用着。相似的现象,可能是不同的各组因素在作用。同一组因素,由于各自的力量和方向的消灭,又可能出现不同或相反的现象。没有一个单独的因素是这个现象的成因,所有因素在一起也不是这一现象的成因,而是所有因素间的一时作用才是这个现象,而这个现象的性质无从由因素的各自单纯的性质的探索来推断。现象的演变的性质更使原本就无从推断的现象拒绝了推断的可行性。于是性质的推断被搁置不断。"是"的问题无从解释。能被解释的是各因素的作用方法,即把因素用象征符号抽象为简单,易于记录和演算的符号,符号的对应性质记录为阴阳,符号的方向作用力部分记录的八卦的升降关系和数种(五行)因素的相生和相灭关系,并由于演变成多种作用下的复杂规律,并借此来推算未来。(根据已有因素的情况和作用趋势,计算出即将或将来的变现状况。)精神的最高目标不是原因的追索,也不是对追索的破斥,而是运用和调节一部分变动因素,以协调和弥补所有因素作用中的非正常状态,不断获得中和协调的状况,理即用,思即行,真理便是中庸。

在这个方向上看注释,注释是对各因素之间的作用规律的反复证明。历史的境遇和对他人的动机成为佐证材料。作用规律的最基本的法则并不繁杂,很早就被概括为经书,于是反复证明就变成对圣人之言和圣人之心的考证,佐证材料的广泛性和代表性都变得很模糊,在某种程度上,对《论语》的历代解释还不如对将军门神的现象研究更能揭示解释学的规律。(主动误取是补充科学中对"为何"即动机发生的研究。)由于趋向对基本规律的证明,差异被尽可能地剔除,认同被尽可能夸大(恒常),所以历代注释因为尽量忽视差异而失去了信息价值,也就减少了解释学所能研究的价值。这是思维的取向所决定的。

解释学的成立根据是因果逻辑追寻多重解释的思维取向,在另外的思维取向中几乎不能有效,如在否定局部理论的印度思维系统中或注重作用因素之调节的中国思维系统中。这个情况至少使我们可以保持对风行的解释学和解构主义新批评的距离。它不是通则。另一方面,我们又可分清作为技术的科学论文注释根本与对文本的解释不是一个层次上的事情。这样就使我们能将科学论文的种种注释方法作为一种操作的规范来讨论,而不会一边讨论,一边被搅和到对于文本解释的哲学问题中去,哲学不是科学。

科学论文的注释除了与哲学的解释学是所研讨的文本解释的性质之外,另一个重大的区别是与通俗注释的区别。

通俗注释是在知识和信息的传递过程中对接受者所做的辅助性补充,它的最简单的方式是注音。在儿童读物里,凡是超出此年龄段的普通程度之外的生字,都要加注拼音。这与科学论文中的语音研究完全不同。语音研究是对目前不可读认的字证实(通过证据和推论)其读音,是对科学的贡献,其成果形式可以是一个注释(科学论文注释);而儿童读物的注音对科学完全没有贡献(教育手段不是对科学的贡献,而是对未来的科学贡献者的培养和准备)。

通俗注释的最复杂的方式是教材。一部教材常常就是一个注释,它也对本学科的科学毫无贡献,只是培养和准备未来的贡献者。

我希望通过以上两个方面的区分,即:1. 科学论文注释与哲思的注释学区别;2. 科学的论文注释与通俗注释的区别,已经廓清了科学论文注释的界限。在实际的运用和探索中,也许你不再会仅仅计较"有没有"注,而会确切地运用和拾取正确的科学的注释,它既不是哲思的,也不是通俗的。

　祝

进步

朱青生

2000年4月6日

13. 关于术语

写信时间

2000 年 11 月 25 日

主题

术语

关键词

术语　词典学　构成

内容提要

1. 术语的本系统性:自足自洽
2. 实用术语的不完善和替代法
3. 术语和外语
4. 术语的构成:解释,恢复,挪用,编造
5. 术语的使用和标示

收信人

彭俊军　魏苑　冯年华

彭俊军、魏苑、冯华年：

你们三人都分别承担了术语编制的实际工作。彭俊军主持《江苏画刊》的《海外讯息》和世艺网《艺术史研究》工作室，魏苑校对孔长安所译 Janson 的 *History of Art* 的术语表，冯华年做了现代艺术学的全部术语的整理和编制。本来我想在《现代艺术术语表》正式发表之后再讨论术语问题，后来根据冯华年的建议，在我自己另一部著作发表（计划于2000年下半年）之前，可以进一步完善那个术语表，于是从商务馆的专著中抽出来发，而把关于术语的相关问题向三位交代一下。

术语指一术之专用语词也。"术"有方术、法术、权术、技术、艺术、学术，每术皆有专门语，如春典、黑话、行话、专词、专名和别义，一旦进入科学研究，才能转化为术语。术语是科学研究的专门对象所涉及到的专门用语，这是术语之一种，称之为"专业术语"。科学研究是一个活动和行为,在专业研究活动中又有描述、记录和执行此种研究的专门用语,称之为"研究术语"。我们讨论的术语就是指这两种科学专业研究使用的专门语词。

术语与词典学(Lexicography)中的字词有区别。

我们的母语在远古时字词等同,字即词。这种意识的遗传现象之一是大陆称外语的"Vocabulary(英语表述)"为"词汇"(台湾则称"字汇")。总而言之,字词同义。择而言之,四川出版的《汉语大字典》与上海出版的《汉语大词典》并列。汉语词由字构成,所以词典是单个词加两个字以上词。所以,《汉语大字典》收字56000个,而《汉语大词典》收词37万条。因为两书同期编纂,所以字典编者侧重了字的形和音的起源与流变的解释,两者重合于单个字的字义和使用法(差别在于词典不收"没有例证的死字、僻字"),而词典编者侧重字的再引申义,因为此字加他字的任何组合都可以看作此字的进一步引申义,外来语和假借、俗讹的用法除外。在《汉语大词典》的前言有一句涉及术语与词典区别的文字:"专科词只收已进入一般语词范围内的,以与其他专科辞书相区别。"专科词既已进入一般语词,当然就不再是专科词,只是"原来用为专科词"。而专科词并不等于术语,专科辞典不是术语表,所以术语与词典中的语词还有一个本质的区别,即"本系统性"。术语除了是科学专业研究使用的专门语词这一特性之外,还有术语的本系统性。任何语词都是活动的,随时都可能"进入一般语词范围"而不再是或不再仅仅是术语。

本系统性包含两个意义。其一,一个术语不可以超出"自足"的范围,也就是说它在作为术语使用时,既没有此种本义的歧义多解的可能,也没有多余的意义可供形容表述其他意义。如果一个术语可两(多重)解,应该立即分列为两(多)个术语,并对原语词加以限定性成分,或者标记1、2、3,等等。如果一个术语可以做别的用处,分成二种情况:一是别用后起,就是上述的"一般语词范围"。对使用者来说,就要廓清源流,不可本末倒置。二是原有别意,就必须在第一次使用时重新定义(或出注)。

其二,一个术语互相间的关联要"自洽"。也就是说,一个专业系统中的术语之间是相关的,原则上不能意义重叠,也不能在两个关联意义中间出现疏漏。术语不仅意义上有这种相关、相让、相接的关系,在逻辑上还应该是互相关照的,无论肯定性的相辅,还是否定性的相斥,或是中性的相对/并列;而且术语表述的是层次关系和容属关系。每个术语在系统中有它的特定的位置和领辖。总之,术语是成套的,在其中个个安分、个个入扣,不能乱了套。

术语与词典学中的字语的表面区别是宽窄,本质区别是成否体统。

哪种"术"(科学专业研究)能够使用上述那种严格意义上的术语呢?没有。所有实用的术语都是不完善的术语,不是没有人会做术语,而是学术界定不能截然划清。化学中的术语,或分子化学中的术语与分子生物学中的术语哪些可以共用?共用的术语在它的领域是否与各自的化学或生物学其他术语互洽?随着科学的进展,比如纳米技术对有机无机范畴的突破,今后还不知道要出来什么新事。人文社会学,其术语常与历史上的传承和异文化的解释搅在一起,更是不知如何是好。因此,在实用中常动用一些替代法则。

至少有以下三条:

1. 广义狭义以整理系统
2. 一次多义以彰其源流
3. 一义多词以适其学术

同一个词,经常或用作广义,或用作狭义。最广义就不是专门语词/术语,在专门语词中也有无数可分的广、狭区分层次。(关于艺术定义的例子请见《关于思考阅读》一信。)若不发生歧解,径用则可;若发生歧解就声明,所以你们看天下文章,常有"从广义上说……"、"从狭义上说……"、"就这种意义上……",皆此类。

学术有其自身的源流,同一个词,由于学术的发展,旧义或更改,或析离,或归属其他,而又不断增入新的解释、增补和结构性置换。同一术语在不同的专题和不同的年代,意义可以发生转移,所以要说明"原称……"、"旧名……"。

由于学统和流派不同,对同一情况有不同的专门语词,同时分别产生,并一直被不同的学术圈使用,比如大陆说"信息",台湾说"资讯"之类,所以常有"即是……","所说的……"之类。

术语常常是一个科研报告的关键词,但不是主题词。因为主题词应该是普通词或"已进入一般语词范围"的术语,是为了公众和图书馆的分类索引稽查,性质在于普通。而关键词是为专业研究稽查、分析整理用的。如果一个学者连本学科的术语都不了解,要做研究是不可能的;如果一篇专业内论文出现了特别的关键词,就说明本学科有了"关键性"的新成果了。所以,反过来,要防止不在本学科内自洽和自足的语词的泛滥,更不能用之为关键词,否则,学界检测成果时发现并无新的科学贡献,只是偷换概念,乱用术语,这个"科学成果"就滥了。

术语和外语相关。因为科学没有国界,学科的进行过程又是由持不同母语的科学家来执行和记录,虽然现在自然科学界要求专家使用现代知识界的普通话——英语,作为工作语言,社会科学方面也有这个趋向,而人文科学方面就不大能够全部提倡,因为人文科学的许多问题本身是母语的问题,换成另一种语言问题就不成立了。(工作语言可用外语已在《关于外语》一信中说明。)术语必然部分来自外来语,比如化学元素——钋,与中国"右文说"、"同音必同义说"毫无关系。杨钤的父母为她以此字命名,很有现代感和科学感。外来"科学语"是术语的常况,这不仅对科学落后的语言如此,英、德、法语也一样。我妻子是海德堡大学的医学博士,她给德国医生做报告时涉及经络问题,在某些术语上不同意用意译,而采用中文音译作术语,也得到认同。还有一种情况,是母语很好的人将外来的术语意译成与母语自洽的术语。最好的例证是佛教汉语,在没有汉语对应词时,译出一种"不是汉语,即是汉语"的词,如 samadhi 译作"定",manaskara 译作"意"等。今日俗语说"心定自然凉",就是从这个"定"字俗化出来的。Samadhi 是完成,孟子"求其放心"(放诞之欲念)而后宁静的那种境界,后来就在汉语中"定"下去了。它与"定天下"之"定"(《易》)、镇静之"定"(《论衡》)、止息之"定"(《诗》、《尔雅》)的上古用法都有所不同,倒是更贴近"言乎迩则静而正"(《易·系辞》)的静正之义。这都是历史上译得极好的术语。近代欧美先进,术语多自西文。所以常称某文语言欧化(又指句式、文法和思路),术语的大量进入是造成此种印象的根据。文章界常有批评"假大空奇"的文风,是指作者把自己没有弄清外来语语源的术语和互相不能自洽的一堆术语用在一篇文字之中。当然还有以异常术语的使用自高者,不在讨论之列。

术语中常易混入非学术性"术语",也就是说,在研究对象上,常常带有它所相关的不同寻常的语词,比如围棋中的"长"、"小飞",诗律中的"粘"、"救"。正如一开始所说,"每术皆有专门语"。除了行话外,造成"专门语"的还有地方性因素,如方言;时间性因素,如流行用语;政治性因素,如政策用语。区别术语与非术语的标准只有一个,就是不问其源,只看其位。它已成为科学研究对象和手段,并与其他语词构成系统关系,就是术语,否则就是"专门语"。

那么,术语是怎么构成的呢?一般有四种方法:

1. 解释(添义成术语)
2. 恢复(归义成术语)
3. 挪用(借义成术语)
4. 编造(创义成术语)

所谓解释,就是在一个普通语词中规定

特别的意义,所以是添义成术语。如"师范",原指"学高为师,身正为范"的普通语词,但是在教育学中,加入专门培养职业教师的专业总称,英语、法语用 normal(形容词,取拉丁语 norm,规矩义,相当于"范"),德语习用 padagogisch(形容词,取希腊语 pais paidos,幼儿,培育义,相当于"师"),所添不同,实指一也。所谓添义也可能是反添,即削减原义。比如我们用"思想"来指非科学非艺术的人的针对信仰/信念的意志活动,减掉了涉及算计、验证或感受、表现的意义成分。

所谓恢复就是在一个习用词中还归本义,所以是归义成术语。考古中"线描"(记录图像的带有分析性的科学记录),不是通用绘画艺术中的以线条描写对象,而就只是以线性分析,描摹图像,恢复其本义了。

所谓挪用就是借用已有的词汇来做另一个新词。在汉语中最多,如政治、经济、艺术等词。这些词在中文中原有其词源,古义昭然可寻,但现代汉语的用法是译称 politic、economic、art 等,与汉语词源关系不大或差别很大。

当然,术语主要构成方法是编造,因为与其改造旧词多费澄清之功,不如生造一个词,创义成术语。最近我读到刘北成、杨元婴把福柯的 *surveiller et punir* 中的 surveiller（福柯建议英译为 discipline）译作"规训"，就是一个范例。我有时读书，遇到关键性的语词是普通语汇（这是一些专家追求的风格），比如"知识"一词，就不知作何讲，就总是在猜测所用此词的词源是什么呢？是上古汉语、佛教汉语、英语、法语、德语、拉丁语、希腊语还是日语（日语外来语的汉字表述）或其他，弄得不敢相信。真不如他生造一个词来，第一次使用时出注或附上词源（如加注原文）。这种情况在人文科学和社会科学中特别成其为问题。[问题这个词，本身作术语就必须重造，因为我们在科学研究中有问题1（错误）、问题2（麻烦）、问题3（疑问）、问题4（提示）、问题5（课题）、问题6（论题）、问题7（不清晰的情况）等等，你们觉得"成其为问题"的"问题"是第几号呢？]

我绝不赞成在写"文章"的时候多用术语，术语是做研究和报告研究用的工具。文章是艺术，是为了交流情意，而传达学术成果是以普及为务。有人责怪叔本华的文章看不懂，叔本华因为熟练使用8种语言，对术语的编制和文本的用词遣句非常讲究。所以问题

(指问题3)只出在读者一方,叔本华那里没有陈述不清楚的问题(指问题6),之所以出现这种问题(问题1,错误的责怪),是因为读者将"专论"当作"文章"来要求的问题(指问题7)。反之,如果在写文章时弄很多外文在里面或使用很多术语,特别是翻译不确的外来术语,实在是别有用心。这种用心如果只是为逃避俗世而亲近真理,不是炫学以弄人就好。总之,进行本门学科研究活动的科学论文要讲究规范术语,而给外人看的文章著作则应避免术语。这是我对自己的要求,与诸位共勉。

术语的标示方法最好是列出术语表,向他人说明用法,为自己清理工具。做术语表就像整理工具箱,应该常常为之。在专著中可以列表,而一般论文无从列表,就靠注释来说明。我的这封信,也许可以看作关于"术语"一词的一个注释。

祝

心宽

朱青生
2000 年 11 月 15 日写
2000 年 11 月 25 日改完

14. 关于索引

写信时间
　　1999 年 12 月 15 日

主题
　　索引

关键词
　　可重复性　理解　全文索引　索隐

内容提要
　　1. 索引的根本目的：查找、核对、检查、重复
　　2. 科学和思想中的可重复性
　　3. 索引的作用
　　4. 其他两种索引：全文索引、索隐

收信人
　　冯年华

冯华年：

　　索引作为一个科学/思想的工具根本目的在于查找、核对、检查、重复。

　　索引在科学和思想（哲思）二者中的价值又不相同。科学中可重复性是科学的必然要求，不可重复的术语、结论、方法和成果不能进入科学系统，只能称之为"假设"、"猜想"或"议论"，它们可以在科学系统的运行中起作用，但本身是指向/通向科学的"用具"。科学的索引是自我检验和提供科学系统检验的必要工具。所谓自我检验是隐形的，就像现在在计算机中的搜索功能所起的作用。在自我研究的过程中，应不断地与已有的结果校核，发现问题，发现差异，对比分析，深入求索。所谓提供科学系统检验是规范的、显明的，它是向任何参与此项科学问题研究的人和项目提供结论与方法的最简便的、最周全的检测获得途径。所有的科学论文都必须具备规范索引。(关于哪些东西要被索引,即词条/义项的选择条件,就是我们过去谈过的主题词/关键词的选择方法。)

在思想中可重复性具有另外的含义。思想的目的是意志地解决问题,意志就是"心愿",就是"想"、"要",它可以符合科学,就像实证主义以及"哲学是科学的科学"①的信奉者所执持的方向;它也可以不符合科学,因为思想是人的思想,它是人的本性这个最根本的"无有的存在"在肉身、人间、环境和理想的追问中的语言化的系统变现,对于每一个人的

---

① 关于科学的定义在不同的语言环境和文化系统中有显著的区别。德文的 Wissenschaft 是指智识,schaft 就是拉丁语中的中性"um"词尾(schaft 是阴性)。Wissen 虽是"知识"的意义,但它又与"知道"和"感悟"的意思相混,所以是智识,包括了"思想"的成分,所以德语使用者说科学,当然就涉及思想,也就自然地会把哲学反过来作为"科学的科学"。因为对他的理解来说,科学就是思想,处理思想根本问题的哲学比处理思想的具体问题的学术当然要更基本。而英文中的 science 是来自于法语,根源在拉丁语中的 scientia,是从 scire "知道"、"清楚"、"明白"这个动词来的。所以是关于"知识"的,知识不是不要思想,而是要思想中的思考、考虑、逻辑和推理,而不要到觉悟的程度。中文的"科学"是从日文引进的,但是目前已作为伦理术语使用是一个特别的现象。现在说"科学的"就是"好的",反之则是"坏的"、"落后的",于是本与科学无关的事都用这个词。

具体思想而言,他的解释带有他具体的肉身状况、人间地位、环境际遇和理想认同的背景,形成了他自我的价值判断,对于他在价值判断中认为"好"、"有利"、"想要"的就追求,反之则拒斥。思想的结果就形成了智慧。(科学的结果是知识。)这时,索引只是为了思想者的"自洽",也就是我们这次在书中(指《没有人是艺术家,也没有人不是艺术家》,商务印书馆,2000年)使用的方法。

我们每用一个词语(关键性词汇)时,首先考虑是否"凡该意义皆用此词",反之"凡非该意义皆不用此词"。其次考虑这个词与其他意义相近的词(根据首先考虑的那一点,不存在同义词)和相关的词(包括反义词,上一级广义词和下一级狭义词等)之间的确切关系。第三考虑这个词的构词理由及其来源,这就是"四面切法":训诂(古辞源)、译自(现代汉语或借助日译或直接根据西文的某一语言系统的语义)、出典(西方希腊、拉丁、包括某些希伯来、印度日耳曼语的来源以及不同语系中的互相借用和主动误取的成分)、释说(印度梵文的原意和在中国佛教典籍中的演变意义)。(此法在《关于外语》一信中亦有论述。)这本书中的用语虽没有做到"四面切法",但正是由于这种追求而提出了"四面切法"。上述部分相当于科学的索引中的自我检验部分。

思想不能接受非此思想系统之外其他系统的检验,因为"道不合不相与谋"。(不像科学,原则上只有一个系统,判断也只有一个标准:真/假。符合真,就是正确,不符合就是不正确,或多大程度上的正确/错误。)

那么,做出一个索引又有什么用呢?是为了理解。

根据不理解原则,人与人之间思想上的真正理解是不可能的。这里所说的理解指的是两点:其一,方便地让他人了解和主动误取这一思想成果。其二,交流。这时交流的真正含义不是交换思想而统一,而是发现差异而确信自我、完善自我的思想。索引就是在一部检索非单纯意义文本中提供各个层次各个部分的意义的工具。

索引检索的是词语,而词语只有在语法结构中(上下文中)才有准确的意义。弄一堆词出来,如何能够达到核对和检验科学结果和思想成果的目的呢?从科学论文方面来说,应该很简单,任何一篇/部科学论文只应有一个结论,所以结论赫然在目,无需索引。

所要索引的是对结论的验证和怀疑时对其证据、材料、取证合理性、数据收集范围和计算方法的查找、核对、检验和重复。

思想成果也不是为了统一的标准,索引只是为了阅读时方便,或者更平实地说,当另一个人并不想完整地了解这一种思想,但却希望印证自己感兴趣的一些问题时,就可以利用索引,把所需要的那一部分从中间读起了。我们这次用粗体字表示某一词的定义性叙述之所在,又用正常字号表示它在全书中每次出现的地方和次数,列出某词的使用频率,也许是对哲学著作索引的一种贡献。①

此外还有两种索引与我们上述的索引的观念和方法都不同。

其一,全文索引。这时设"所有文本"的所有使用词汇都有同等地被使用和检测的价值。也许这一点只对古文献数据库有意义,而一般性的信息和情报都应该有主题词、关

---

① 在《没有人是艺术家,也没有人不是艺术家》(商务印书馆,2000年)的索引中附有说明:"本索引中各词条下黑体数字表示被索引词的定义或者主要用法的出现页码,其后是其他出现此词条的页码,最后方括号中的数字表示此词条在本书中的使用次数。"

键词和内容提要,全文可以备查,但索引要有层次。这个系统的完成依赖于每个使用文本的人(写作者)进入规范写作,就是我们在《学期报告写作规范》(见《关于科学语言》一信)和《学士学位论文写作规范》(见《关于学士论文规范和硕士要求》一信)中所指定的,包括信函的标题方法(一行文字,不加标点,下加线)也给你示范过了。

关于古文献数据库全文索引的方法,我在给张弢的信中已提及,最近还要补充几点再告。

其二,索隐。这是一种学术专著的文体,如唐代司马贞的《史记索隐》就是一本考证性的学术专著。主要对地名、人名以及史实进行核实。实际上是与我们上述的索引无关的"论文集"。其中每一条就是一个结论,并交代证据、推理方法和过程。所以后来人们也对这部索隐再做索引(如台湾版《二十五史全文索引》)。

专此　祝

愉快

朱青生
1999 年 12 月 15 日

15. 关于考试

写信时间

2000 年 4 月 20 日

主题

考试

关键词

考试四法

内容提要

选择:考验和互相较量

达标:设定标准的到达

检验:规定内容的掌握程度

发挥:显示实力

收信人

刘平　张欣

刘平、张欣：

你们刚刚经历了考试，无论结果如何，亦得亦失而已。

开学数周，课程展开，大家关心本课的考试，我对同学们说，将会按讲义的基本知识部分，列出20道选择题，每题a、b、c、d四个选择答案。答卷完成后，我将把所有500份卷子摞齐了，在每题的正确答案的号码上，用一根大钉子钉下去，填对号的就被钉过，得分。其实我和同学都觉得略有荒唐，一个艺术课程，十几个欣赏的傍晚，天下大作，相与分析；玄谈妙想，感悟体会，一待经过，就是"通过"了一段美育，也就通过了这次课程。各人自我修养，按其禀赋本性生发开去，尤其在座者与我以心相印，根本无以言表，不堪诉说，怎么可以用些什么知识概念来衡量评价？在北大，每位同学只有一次（2学分）的艺术课程中，知识就像糖果纸，课程面授过程就如糖果，真正传达交流的是那种甜味，糖果有时已是多余,因为它带来某种负担,糖果纸更是包裹运送糖果之外皮。庄子说"得鱼而忘筌",持执尚在鱼也。如果得了鱼,就着水炖出一锅浓汤,尝尽鲜美,鱼亦须忘。但是期末考试却要把糖果纸拿来展玩,就只配用大铁钉钉一下了。

本来北京大学是个治学要求勤奋、严谨、求实,教课追求自由、创新的胜地。近年来考试有了一种规定,都以百分制结算,艺术课程都要闭卷(实际是把艺术课程规定为艺术学课程),分数要"正态分布",似乎一个课程,无论全体师生多么努力,都要挤出几个不及格或勉强及格者;反之,无论师生多么敷衍,也要选出几个优异的高分得主。教务管理部门的出发点是用严格考试提高教学质量,这大概是没有办法的办法。如果大学的教授是公开聘任,权威学术委员会(本专业教授和校长组成)和受教育者(学生与其他人员组成)流动选择,再由教授尽心尽力负责治理教学,教学质量必然提高。而用考试来监督、制约教师和学生,像在北京大学这种地方,学生都是英才,是久经考场的得"道"之辈,对付考试,已在中学应试教育中将各种伎俩练就,教学中越把重点放在考试分数上,他们就越有对付的办法。如果用单一"闭卷—百分制—正态分布"的方法考我教的艺术课程,肯定是从未听课而会抄背书上条文的学生得高分,或者听课马虎,重知识而轻思想、轻感受的人得高分,而真正有会于心,感应相交的学生,分数无以显示他们的成绩,也许他们反过来会觉得在这种考试中得高分是其不屑所为。

但是,我们可以不考试来组织大学教学吗?这个问题是不能问的。最多可以恢复北京大学八十年代的考查制,选了艺术课程,就是"合格",不选不合格,就像晨练,围着未名湖绕圈圈,跑过了,就合格。

考试是组织教学的必要手段,除了晨练和艺术课程可以考查通过之外,应该根据教学组织的确切需要来设置。至少可以分为4种:1. 选择;2. 达标;3. 测验;4. 发挥。

1. 选择考试的目的是选拔,使用的方法是考验和较量。比如你们报考艺术学系研究生,80人报名,选取10名,所有80人各人总分多少,平均分是多少都无意义,关键是要考验这80人中最优秀者(或者说最符合艺术学研究需要的前10名)。试题应该让80人能够充分显示出：

(1)科研能力(理性的质量)；

(2)学科基本知识；

(3)科学方法的掌握程度；

(4)对艺术品的感觉力。

如果试题出得恰当，80人都可以尽力显示，在各个方面清晰地拉开距离，再由各方面综合考虑而选择人选。这时出具的考题，就要有很高的测试机制，也就是原则上是80个人的各个人的水平都能因此而得到区别，被试者应该分别各得1分~80分(或20分~100分)。虽然数人可以完全不分高下，得同一分数，但试题应该尽量变换精度，使大体不分高下者，可微见分别。设80人都是高手，可考到80、80.2……到90分之间，这是正态分布之真正意义所在。如果试题有所偏颇，就无从达到期望之目的，使测试者与被试者怅憾。这种类型的考试与大学统考、选拔官员、选拔运动员一样，就是让被试者相比。在大学中此种考试只用于选拔，而不必用于教学。

2. 达标考试的目的是分段推进基础训练，使用的方法是确定标准，公布成绩。比如你们在体育课上要跑、跳、投、掷以达到规定指标,英语分四级、六级、托福、GRE 等。如果一组同学人人都能达到标准,就人人都合格;无人达到,就无人合格,不存在什么"比例",因为标准是法则,不可动摇和臆改,否则此基础训练的所有进程和分段原则将会混乱,失去了此种考试的本来意义。达标也可以采取百分制,比如我有一次公选课,预设知识项五十种,作为这段教学的训练标准,要求同学掌握,当时 300 多个同学选课,唯我们系同学最认真,十多个同学掌握 90% 以上的知识项,所以尽得 90 多分、100 分,而有些同学专业较忙,只求过关,也有只掌握其 60% 者,故得六七十分。成绩报上,主管教学的一个主任来找我,让我改掉艺术系同学的成绩,质问:"哪有学生可以得 100 分的?"我就反问:"哪有学生不可以得 100 分的?"又质问:"为什么不按比例正态分布?为什么没有不及格的?"我反问:"这一班学生在这次课上恰巧人人这么努力,为什么要有不及格的?"后来他说是学校教务处的规定,我只好去教务处谢罪,但成绩不改。也许,教务处认为艺术学课程不是达标考试的对象,而我把普通艺术教育设计了一个分段等级测试方法,公式为:年龄 × 年级×专业参数＝知识掌握量(对小学、中学也可适用),所以在我的教学中,都使用了达标考试。

3. 测验考试的目的是检测本课教学的效果。根据教学规划和教学大纲,一门课的教学目的是预先设定的,这个目的不能以教师的主观意志为根据,而是由他负责执行教学规划。教学规划为一个大学专业学生整体(平均)的学习目标和能力、知识指标而给出有理由、有证据的纲领,其中包括本门课在整体结构中的功能和目的。这个目的必须受整体教学规划和教学大纲的约束,受到管理部门和学生的稽查,所以每门课都应公布教案(我 1995 年回国后已经开设了 17 门课,全部有教案,打算在系网页建成后,全部公布在网上以便稽查),这时测验考试才有根据。将设定的教学目的在一学期的教学之后加以测验,记录学生掌握了所授内容的百分之多少,记为百分制。

这种测验考试是大学教育中最普遍的方法,因为它是整个科学系统传授过程的质量控制。北大现行的测验考试已经出现"腐败",就是教师成了专制的一方,他/她自己编制一个教材,这个教材从未受到本行专家委员会的委托、仔细推敲和认定,所以以此为基准来考查学生,尚未取得合法性,也就是说,本门学科的知识和方法在教材中应该是"公认"的(经过科学反复检验和权威机关审定的),这样学生才能以此为根据,作为学习的依靠。否则,学生就会偏依一人之见,而遮蔽学科之公理。因为学生没有资格挑选教材,更没有权利臧否教师(正在推行的教学评估因为无同类型可比性,而是每课单独答问,结果有可能教的不够水平的课"看起来"很好,而极严格认真的高水平课"看起来"反而不如前者),所以只能对付考试。最常用的办法就是请求教师出具复习范围,有两天一夜背会,立即迎考。我常常想,这样也是个办法,以后一门课上两天一夜就够了,大学效率提高,何必大家胡混?

4. 发挥考试的目的是测试学生的本门课程的科研能力和相关知识,使用的方法是学期论文或面试。学期论文是以结果评价,所以可以花很大的时间和精力来增加论文的分数。(具体学期论文的要求见《关于科学语言》一信。)面试是互动性测试,考试是为了全面考查受试者,以及他的判断、应答能力。这时教师的主观成分很大,只能凭感觉评价,所以面试常常考的不是学生,而是考查师生的关系,即佛教中常说的"缘分"。

对于大学的考试,无论上述四种中的哪一种,都是以现有的知识为标准的,即使是发挥考试,也要符合一般的学术规范和本门学科的知识范围。假设一个学生的才能和知识的掌握超出了现有规范和教师所掌握的知识范围(在计算机联网、数据库广泛进入教学后,这种事情通常会发生),考试非但不能测试出学生的实际水平,相反,还会是非混淆,所以,一切考试将受到怀疑!

作为教师,我采用过一种考试,就是刘平参与的,让受试者在与试者(我)对话中,用各种方式显示与我的区别。区别越大,得分越高。另外的教师小组(白巍老师和高译老师)根据录像带评分,我不参与。这种方法彻底颠覆了考试的通常规则,考试不再是老师考学生,也不是教师与学生同时受到测试(教学普查),而是使考试成为一次学习的机会、创造的机会、融会的机会和觉悟的机会。我不能把这种创造考试列为第 5 种,因为它太不能为一般的教学系统所容,权且把它作为一种艺术。

对于学生,不对付考试是无能的表现,应该认清考试的本质和各自不同的目的和方法,甚至了解主考教师的学养和秉性,有的放矢,克服考关。只是你们不要把考试成绩作为衡量学习成果的唯一标准,尤其不要让别人以考试成绩所作的评价左右你们对真理的追求。

即此　祝

进步

朱青生
2000 年 4 月 20 日

16. 关于教师

写信时间

2000 年 10 月 5 日

主题

教师

关键词

职能 等级 知行合一

内容提要

1. 传统的教师职能和现代大学的教育精神
2. 现代大学里教师的 4 个等级及其职能
3. 现代教师的准则和责任

收信人

彭俊军 陈亮 施杰

彭俊军、陈亮、施杰：

大学里的教师正遭遇着最大的危机，因为现代计算机技术和相关的网络技术的发展正在使大学教育脱离它本身。每一个受过基本训练的大学生，通过自学都有可能在知识的某一方向上超出自己的老师，这就使得传统的教师教学生的模式发生改变，要求教师在素质、能力、方法上不得不进行转变。看来这个危机需要较长的时间才会被大家意识到，也就是说，传统意义上的教师的职责会缓慢地演变。但是，即使危机和演变发生之后，教师这一职业的某些性质依旧千秋不变。

传统的教师的职能，韩愈《师说》中归纳为三条：传道、授业、解惑。其实可压缩为两条：曰传道，曰授业。道中有道惑，传道过程中必渐次破解；业中有业惑，授业过程中须不断答疑。（至于什么是业，什么是道，这个问题可以参看《关于专家与学者》一信。）今天的大学因其不是实施道德教育的场所,也不是宗教学院,所以关于道德的问题也是通过对科学的研究、追索,对科学方法的追究、验证来实现人类理性的传承。由这种理性来保证受过教育的人具备是非判断的能力,明辨正邪,维护正义。所以在大学中,授业即传道。

孔子的师道是"万世师表",要求教师不仅在见识上,而且在做人上(包括如何成为人间统治者)成为一个榜样。在具体的知识方面,则要求诚实("知之为知之,不知为不知,是知也")和不断学习("学而时习之")。教师的性质,是以人间的最高行为准则——圣人之言去影响学生。亚里士多德的师道是"追求真实"。他教出了亚历山大大帝,从他的教育中亚历山大习得了方法:以最简便有效的手段达到最大的目标。这是科学及其技术实施的第一原则。侧重其目标者发展为世代相传的科学理性,侧重其手段者发展为技术,包括统治的技术。真理与实用,成为西方教育的两个互为错节的动因,教师的性质则是根据理性原则和人类的需要而传授知识。中世纪的大学实际暗合了孔子的师道,要求教师按圣上(上帝)之言去影响后人,但方法借用柏拉图、亚里士多德而偏于对"圣言"的证实,就为求实和怀疑留下了一道缺口,发展成现代大学。

现代的大学源自西方,已经与韩愈所受学施教的传统大不相同,也与柏拉图的雅典学园不同。历史遗留下来的两种教育精神,应该说已融入了现代大学之中。特别是中国的大学,是最有可能兼容两种传统的地方,倒是一些完全模仿美国大学的"改革",反而妨碍了大学真正的生长和发展。虽然现在在中国大学施教的教师,还遗传了一定的中国传统师道,但都是从西式现代大学系统中培养出来的。

现代大学里的教师分为四个等级:助教、讲师、副教授和教授。这个传统是由欧洲大学建立起来的,完全被现代教育系统作为一固定模式沿用下来。各个国家对这四种职位有不同的定义,在授予这些职称时也秉持不同的标准。比如说,在美国,助教指助理教授(assistant professor),是在大学里独立地讲授课程,主持科研项目,培养博士的最初级的职称。在日本,助教授是指副教授,是比教授仅仅低一级的高级研究人员。而在德国,助教称为 Hiwi，意思是科学的辅助力量，与中国通常所指的助教要低一档。这些称呼本身并不重要，重要的是，在大学里确实需要不同的教职人员来保证教学、研究工作的正常进行。我们这里使用的四种等级是中国的大学普遍采用的。作为学生，应该清楚自己该向这些职称要求什么，询问什么，从而明白自己向他们学习的限度在哪里。这种了解有利于你们的学业，也不会因为过分地要求教师而妄加褒贬，流于轻浮。

助教的主要任务是协助教学。但并非所有协助教学的人员，如教务员、实验员、绘图员，都能称为助教。助教辅助大学教育的主导方面是协助由教授和学生共同构成的课程教学系统正常工作。他的工作方式主要呈现为两种：一种是协助教授工作；另一种是协助一门课程的展开，而这门课称可能是由多个教授共同承担，也可能是由教授指导，由助教本人开设的。有的教授，由于他的教学和科研的任务很重，必须由助教来协助工作。比如说，我在海德堡大学有位叫 Riedl 的教授，他有二百多个研究生，所以他必须有两个高级助教。这两个高级助教的水平相当高，他们都做完了博士学位,其中一个还获得了教授资格,也就是说水平是正教授。平时,教授对学生的指导大部分由高级助教代理,而为每个学生单独举行的考试(在德国,大学对学生的毕业考试是各个单独举行,并有监考在场,任何人允许旁听)也基本上由他们负责,教授临场坐镇(助教水平再高,没有资格对学生进行毕业考试)。我自己在北大上的艺术史课,是500人上的通选课,学校就允许我从自己的研究生里挑选两位来协助备课、整理资料和组织课堂教学,这种是最初级的"助教"。一般而言,助教是一个教职。他刚从大学毕业,严格地说,他刚获得博士学位,在未受聘为讲师以前先从事一年或一年以上的教学辅助工作,以熟悉大学的基本教学条件和教学的组织。助教又可以由正在攻读博士学位的研究生担任。因为做博士学位的都是已获得硕士学位者,而成为硕士就意味着他已经具备了独立研究的能力,也就是说,他在做博士论文期间,已经是一个"独立的研究者",只是由教授在方法上加以指导和控制。既然他已经是个成熟的科学工作者,他当然就有能力辅助教学的进行,所以在很多国家都由博士研究生承担助教的工作,而不再专门设置助教这一级别的教职。

在中国,正规教学恢复较晚,大学系统在"文化大革命"中受到破坏之后,直到70年代末才开始招收研究生,而博士的培养更是有很多不合规范的地方,对博士生导师的认定和博士论文的规范没有切实清晰的规定。我仔细读了国务院学位办的《博士学位授予办法》,发现里面对博士论文基本标准:在本学科该课题全部研究成果之上(包括国内国外)必须首先确定此项博士研究的学科价值何在,并没有明确要求,也没有检验措施。在这种对博士的培养没有着落的情况下,必然要让很多没有完成博士学位,甚至没有获得硕士学位的人在大学里工作。作为一种补救措施,就让这样的人承担比较长时间的助教工作,让他们在工作中适应大学教学的需要,同时进一步加强自我,实际上达到很高的科研水平。由于博士教育不正规,今天在北大,没有博士学位的教师可能水平极高,有博士学位的反倒不怎么样,何况越往上,个人的素质在科研和教学成就中越起决定性的作用。这个情况会随着国家大学正规教学的完善而变化,逐步由博士研究生来做助教的情况就会普遍化。德国1000个艺术史专业的哲学博士获得者中只有一个可能最终当教授,所以不大容易出现没有博士学位而在大学正式任教者。

所谓讲师,是能够独立开设一门或一门以上课程的大学教师。他的科学训练已经完成,也就是说,他已经获得博士学位,他除了在硕士期间对本学科的全部情况已经有了完整的了解(参看《关于学士论文规范和硕士要求》一信),同时他又通过博士论文对本学科作出过贡献。所以,他不仅了解这一学科的基本情况,而且了解这一学科的前沿所在,这就为他提供了一个基本保障,使得他可以给学生,尤其是本科生开设本学科的基础课程。

讲师也有不同的等级。优秀的讲师完全可以把他的课程开设成对本门学科有巨大贡献的基础课,而他的教学方法、实验方法和基本规范将成为学生必修的一级台阶,籍以达到大学教育的基本要求。讲师也可以做一些初级的工作,基本上是去填补教授和副教授正常教学所遗留下来的空缺,来使整个教学系统趋于完善。另外,常常有这样的情况,一些完整的教学单位会特聘讲师来讲授一些自己的教授不能承担而学生又必须学习的课程。比如,当年在北大,只有专职教员才可能成为教授,而兼职的一律称为讲师。在当时著名的讲师中有梁漱溟、鲁迅等等。这就说明,讲师的水平不一定比教授差,只是他承担的任务有所不同。

　　副教授和教授是大学里的主导。副教授是否一定要从讲师中选拔,在各国不一样。比如,在美国是直接从优秀的博士中选拔,而在德国则是从优秀的完成教授论文者中选拔。但是,最坏、最不合理的是,经过一定的年限,所有的讲师自动升级为副教授,在中国就是这样。最后就会出现这样的恶果,就是副教授和教授不是根据他承担的教学任务和他的教学能力来选拔,而是根据资历。在学校里也实行元老制。谁只要担任过一定年限的讲师就一定会当副教授,担任过一定年限的副教授,一定要升为教授,升不了反而觉得不公平。曾经有一位北大教授在海德堡大学做客座教授,看到一位有博士学位的老先生,精通五种外语却以讲师的职称退休,不禁感慨:"他要是在中国,无论如何也混上个教授了。"因为在中国,人们习惯性的理解已经把升为副教授和教授看作是一种福利制度。

到底要具备了什么样的资格才能成为副教授呢?副教授原则上不仅具有开课的能力,对本学科的整体情况有充分的了解,自己主持研究项目,而且能把最新的研究用学术研讨会(seminar 来自拉丁语 seminarium,意为"育种田"、"苗圃")的形式不断开设成新课。他一方面向学生传授相关的知识(授业),一方面训练学生去掌握获得知识的方法(传道)。所以严格地说,一个副教授既然已经是一个"教授",他就必然已经具备了足够的能力指导他本专业所有"求学的人"(包括本科生和硕士、博士研究生)的学习,并完成毕业论文。由于中国福利制度化的教授、副教授评选制,使得中国不得不降低对教授的信任,而平添出"博士生导师"这一个等级,这在全世界都是一个例外,也许这一例外很快会随着中国高等教育的完善而得以消除。上面提到,副教授在知识水平上未必要求比讲师高,但其任务的性质不同,在知识和方法的教学中,他也比讲师在大学系统中有更大的责任。在知识上,要求他对本专业的全部知识有通盘的了解,同时在一个问题上有专深的研究;在方法上,要求他对本专业的所有方法都了解,而他自己对其中一种方法有着熟练的掌握。他不仅可以指导本专业方向的学生完成研究,而且在博士研究生所采用的方法略超出本学科已有的方法甚至是采用全新的方法时,同样能够根据本学科方法的规范保证论文高水平地完成。

教授是大学里的主体,对教授有更高的要求。所以,在北京大学,大家有一个印象,谁要不是教授就好像不是正规教员,他可以离开,可以逍遥,而不必负太多的责任。甚至在校外,人们也这么看。这种偏见反映了一种现象:大学里主导性的工作是由教授承担的。但是在中国,教授的地位恐怕是全世界的同行中最卑微的了,他既没有决定自己的课程的权力,也没有招收自己的学生的权力,更没有管理学校的权力。同时学校并不因为他的卑微就不要求他承担教授的职能。

教授的职能与副教授不同。在知识上,对教授的要求与副教授没有什么两样。但是在方法上有个重大的差别:一个教授不仅掌握并能熟练运用本学科已有的方法,并且他必须对本学科的方法论作出过贡献,也就是说,他在遇到一个课题时不仅知道如何运用已有的方法来解决它,而且能够或者已经创造出某种方法来为解决相关问题提供思路和手段。教授和副教授一样要承担本科生教学和指导研究生的工作,特别是指导研究生在现有的知识、方法储备中没有现成的东西可以利用时,去完成开创性的工作。除此之外,教授还要促进本学科(全世界范围内)的发展。他必须对本学科有清晰的了解,和本行的专家有便利的交流,通过定期主持学术会议和学术项目的方式来培养和训练本学科的高级研究人员,领导他们进行集体协作,以完成本学科所提出的任务。

这是对不同教职的要求。当然,一位具有相应职称者做得好与不好,有天壤之别。所以我们常常能看到这样的情况,一所大学的某一个专业由于一个出色的教授而兴盛,所谓"得一人可以得天下"。当然,这也跟许多因素分不开,如学校的重视程度、国家的经济实力、政治形势等。

无论教授还是助教,都和中学教师、小学教师以及幼儿园教师一样,都是"师",这一点在有着悠久的尊师重教传统的中国受到特别重视。自古以来,所谓"天地君亲师",实际上,教师已被抬高到一种类似于宗教信仰对象的神圣的地位。也就是说,一个年轻人将自己进入学堂作为人生的一次新的开始,而他所要供奉的神灵之一就是他的老师,老师成了他追随的精神向导。由于有这样的传统,所以在中国对教师除了职业上的要求之外,还有素质上的要求。这种对教师素质的要求并不因为目前大学引入了西方市场化管理而有所放松,相反,不论是学生、家长、社会的普遍要求还是教师的自我意识都很注重这个方面。今天,最大的矛盾在于教师已经成为一种普通的职业,教师的神圣感无从着落,所以师范学院也已成为大家比较忽视的学校。比如说,北京大学、清华大学就没有师范系(教育学专业旨在研究教育的历史、方法和管理,并不专门培养教师)。这两所学校都努力使自己成为世界一流大学,但从来没有鼓励它们的学生去做教师,也许它们认为自己的学生一毕业就要做大学教授吧。

在现代,当教师的神圣性已经丧失之后,仍旧有一些教师的基本准则被人要求着并且被遵守着,这就是知行合一。这种要求在道德上的合法性值得怀疑,因为在整个社会失去信仰,而价值判断也失去了原来的标准之后,虽然尊师重教进一步被提倡,但是毕竟教师的职责要在他的教学职业绩效中充分体现。也就是说,在社会科学和技术科学的重要性日益增加的教育体制中,教育基本被"训练"取代,学生要的是在最短的时间内以最便宜的办法获得最大的效益。比如要上大学,找个应试补习班比素质教育有效得多;要考英语高分获取美国奖学金,找一位"应试教练"比跟一位语言大师学要切实得多,管他任教的是什么人。当然,这绝不是说,正规学校教师可以没有师德。在北京大学,关于师德的评判是采取一票否决制,也就是说,任何教师如果没有做人的起码道德,不允许他任教。

反之,在一个到处充满假冒伪劣的时代,如何来评判教师的素质?沽名钓誉、当面说一套背后做一套的情形在教师这个群体中并不鲜见。这样,我们的评判标准只有落回到实处来,就是看一个教师怎么理性地培养学生们的理性,他如何在他们的判断力形成过程中,正当地、积极地鼓励学生按照科学的规范出色地完成他们的学业,在这一过程中使他们的智慧和性格受到锤炼,使得他们在日后面对纷繁复杂的情况时能够应付自如(得益于科学知识)、镇定自若(得益于科学训练出来的理性)。

我能体会为师之艰难是因为出生在一个教师的家庭,而自己也已经从教多年,担当过助教、讲师、副教授、教授。大概是因为福利制大学职称晋升的产物,所以每每反省自己的作为,为之感到愧憾。有一次,一个外系的学生来补选我的课,我就叫她去找教务员,教务员查单后发现没有空位,就把她打发走了,她又回来找我,而我对她说:"教务员没办法,我更没办法。"她掉头离开时眼里含着泪水,过后我非常后悔,想把她找回来,但已经找不到了。学识上的缺憾更是多多(请见《自我检讨》一信),我也有训诫。自己在做学生的时代,有次去问一位先生问题,当时他连敷衍都不乐意,而把头偏到一边和旁边的女生说笑。我当时就提醒自己千万别沦落成这个样子,当学生有问题时,不管能不能解答,一定不要把头偏过去。我也有榜样,比如我的母亲。她一辈子当教师,在她快60岁时还是一个中学毕业班的老师。当时外婆瘫痪在床,她每天中午都要回来给外婆擦洗、喂饭,做完这些她自己就来不及吃饭了,胡乱往嘴里塞点干粮就往学校跑。她后来对我说:"自己在跑的时候总想,要是这时候来一辆自行车把自己撞倒该多好!"因为被自行车撞伤不会妨碍服侍母亲,又可以有理由迟到两分钟而不必埋怨自己了。那时,路上一位老教师的奔跑,负载着的是万代师心啊!想到这些,我就觉得自己做得不好,需时时提醒自己。

在现代人看来,中国古代对教师的要求过于严苛,但是这种严苛也带来了一种权威感。权威感保障了教师掩饰个性的缺陷,使有些能力薄弱者依旧能从事教育事业。但是,随着知识的发展,教师职业化,人与人之间的平等及师生的平等越来越成为一股不可阻挡的潮流。这股潮流摘除了教师头上的光环,在某种程度上降低了对教师的要求,一个教师只需在工作上尽职尽责,他就可以问心无愧。

师生平等也使教师与学生之间"平起平坐",个人的能力和个性的状态受到严峻的检验。也就是说,在全新的知识出现时,一个教师要与一群学生一起学习,教师必须保证是这群人中学得最好的。这就要求教师能像古代将领列阵出战一样具备"单打独斗"的能力。面对一个新问题,必须在学生面前表现出当下的"一对一"地解决问题的能力。如果教师不能显示这样的能力,学生就会丧失信心,工作就不能顺利进行。这实际上提出了一个急迫的需求,需要人类中间一大批最优秀的分子来充实教师队伍(参看《关于大学的意义和性质》一信)。如这封信的开头所说,在 Internet 将全球连成一个网络的时代即将到来之际,谁都可以从网上迅速地获取各种知识,而每个地方的学生都可以通过真正意义上的远程教育向本专业的第一专家请教,这种情况正在对大批教师提出另一种越来越严苛的要求。

传统的教师正在面临着一个巨大的危机,因为一个人的精力与专注程度毕竟不能与一群人相抗衡,在大家都能方便地获取知识时,教师在知识上的优势势必一去不复返。这种危机是个信号,昭示着大学教师的职能正在慢慢发生转变,即他不是授业者,而是再次被要求作为精神导师。

关于教师

虽然教师已经不再是"神灵",但是在这个知识爆炸的年代,教师的最重要的作用之一仍是指引学生在面对个人无法控制的境遇时找到自我的方向,这种方向感,古贤称之为"仰望星空"。星空给我们预示着一种方向,使我们不致因为眼前的利益而放慢了前进的步伐。在这种指引的过程中,教师原来意义上的那种价值又获得了彰显。他必须有坚定的、长久的意志,把自己的头抬起来,仰望星空。这种意志、这种行动昭示着一种精神价值,它已不是原来的道德要求,而是一种在职业变更中产生的新价值。

在知识日益爆炸性地增长时,在网络改变了知识的传输方式时,不只是教师,任何人都难于在知识的占有上保持优势,甚至不能驾驭知识。这时,更大的危机发生了,知识正在毁灭人性!因为人们在知识爆炸中已经丧失了作为人的信心。教师,重新被要求承担责任,他要在巨大的知识之中培养学生自我建树个人知识结构(参见《关于思考阅读》一信),鼓励学生,并帮他树立起信心,在这信息泛滥的茫茫大海上找到一条能够幸福地度过一生的航道。这就是对教师的最高要求——

幸福的灯。

彭俊军、陈亮、施杰,我想对你们来说,你们跟我学习,当然要进行科学的训练,也当然要思考根本的问题,但更重要的是,我们在进行一次人生的交流,在这交流的过程中,确立你们各自通往幸福的航路。

祝你们
一路顺风!

朱青生
2000 年 10 月 5 日于交界河村

17. 关于专家与学者

写信时间
　2000 年 10 月 3 日

主题
　专家和学者

关键词
　专家　学者　知识分子　判断

内容提要
　1. 专家和学者的区别
　2. 知识分子：西方的概念，中国的求道者（区别于"士"）
　3. 科学作为是非判断的标准

收信人
　王岩

王岩：

你好。这次你问道去日本学习半年,孤独的日子如何打发,上一次我已经对你说了,带一本中文的川端康成,借助他的描述慢慢进入日本文化。了解了那个文化,也就了解了那一方人,同时,我也希望你努力学好日语。有了这两点,就足以打发半年独处的日子。但是,独处的日子有时也是值得珍惜的,清冷和孤独常常是锤洗良知的寒砧,这次的学习对你来说也许恰恰是一次难得的机会。临行前,你提出这样一个问题:自己在本科阶段已经学了四年的广告学,现在还要再读三年研究生去学这个专业,你对自己的学业感到彷徨,不知如何去面对。也许这个困惑比这半年的学习更让你感到难以琢磨。我想,你的问题涉及到现代学术中的一个基本问题:专家和学者的区别。

专家是专业训练的结果,他可以通过学

习和训练获得非同寻常的专长,从而能够处理和解决现实生活和专门学科中的某些具体问题。这是现代生活中的主导趋向。现代社会(尤其是现代科学)正是把各种各样的人,甚至是普通人都推向了专门之路。这既是现代社会发展的结果,也是未来文明分工的趋势。所以,应该说一个人在大学本科阶段受到科学训练,并在研究生阶段巩固和扩展这种训练,正是许多人渴望得到的机会,借以获得人生的保障。

专家对我们来说,是一种保障,但从另一角度来看,也是一种障碍。一方面,它保护了你生存的权利和发展的基础,同时也是今后你的专业发展的基础。另一方面,它阻碍和障滞了个人作为人来说他的本性和兴趣的全面恢复。比如说,假如这次你没能去日本,以后你又有多少时间和兴致去沿着川端康成描绘过的小路走向伊豆的温泉呢?也就是说,专家的训练已经使每个人失去了成为一个完整的人来生活的机会。所以,我们对这一点总是觉得惶恐,甚至对它有一种由衷的疑虑。这时我们发现,对于一个向学者来说,有一种不同于专家的追求——学者。学者首先是专家,但又不仅仅是专家。这正是我们要求自己努力做到的。

很多人以为,学者只是某种人的职称。这只是一种世俗的用法。事实上,我们用的"学者"相当于西方人用的"intellectual"(知识分子)。知识分子被引入到中文中以后,被许多人执持为一种人生态度。他们不仅将知识分子作为受过高等教育的人,而且作为人类的良心。他们要求知识分子保持独立的精神,对人间的不平作出公正的批评,维护法律、道德之外的社会正义。然而,这种想法在中国具有很大的迷惑性。其迷惑人的地方在于:(一)来源于中古法语 intellectual,本义是古拉丁语的 intellectus,inter(间于)+ legere(选取,进一步源自希腊语),是具有辨识能力、智慧的意思,intellectuals 是被理性告知的人,它在基督教传统中指领受过某种外在真理的人。也就是说,他认知了一个"道",是闻道者,所以他能以此为标准来评判社会与人生。但是我们不认为自己应该做知识分子,而认为自己应该做学者。这秉承于另一种传统,也就是孔子说的:"好学而已"。好学并不仅仅意味着要求自己学到什么,而是要求自己不断地去研究、去怀疑、去反省。这是一种内在的趋向和精神的本能。即使面对一个流行的道理或者一项通俗的规则,也要不断地发问,探讨它们背后的意蕴。拥有这种精神的人,我们才称之为学者,这样的人当然不仅仅是知识分子。(二)在对中国传统知识分子的反省中,一直存在一种妄自菲薄的现象,就是把知识分子定位在"士大夫"或者说"士"这个阶层。"士"是指读了儒家规定经典,通过了国家考试,从而干预政治、参与国家管理的一种人。这种人在其悲天悯人的伟大胸怀之下隐藏着与之俱来的缺陷,即他们必须仰仗社会制度的变迁和政治体制的变化来为统治者谋划。他们或者站在"贮才"预备队里,关注着世事变化,等待统治者的召唤;或者置身于朝廷,殚精竭虑,给皇帝提供自己的智慧与忠心。到了今天,有些大学教授和学生受到西方民主精神和独立思考的鼓励,观察着现行社会制度的弊病,不间断地提出自己尖锐的批评。他们以为自己是闻道者,是知识分子。我们一方面对于他们的义愤表示尊敬,另一方面不禁感到遗憾。他们在内心里还是"士"。左右着他们的还是旧传统留下的那一种习性:不在庙堂之上,就在江湖之野,忧国忧民,为了统治的需要,为了在人间设计、调节、操持而奉献自己。

于是,在你心里也许不禁会生出一层悲伤和怀疑:中国历史上难道就没有其他的类型,而只有中国式的知识分子——"士"吗?假如不幸而真是这样,那么中国的文人就好像是只为政府效劳的犬马。他们要不成为良犬,受着主人的豢养去看家护舍;要不成为独立的英犬,不仅敢于吠贼,而且敢于吠日。他们始终摆脱不了依赖性和服务型,这已成为他们内心的唯一倾向。这也就难怪许多外国人在研究"中国知识分子"的时候,也采取了这个偏颇的切入角度。

事实上,在中国历史上有一股潜藏的流一直被人忽视了。他们是求道者。为了探索宇宙人生的基本问题,他们或进入道山,或隐入寺庙,或结庐于山林,或沉湎于文字训诂(如郑玄),用自己艰苦的思考和深刻的智慧寻找通往真理的道路。他们为了真理,为了克制自己肉身涌动的欲望和人间荣辱的激奋,为了杜绝在向道的途中情(感情、亲情和人情)、义(局部意义、正义和道义)的干扰,不惜出家离群,坐关行乞,竭尽心力,才得以亲近真理。正是由于他们拓开了他们的那个年代通往真理的道路,才使中国文明有了基石,而士大夫们也才有了判断、忧乐的根据。求道者的这种无情无义和士大夫的忧国忧民二者结合起来才构成了中国学者完整的品质。

只有看到了这一点,才能谈专家与学者的区别。我们所谓的学者是指经过对一种科学执着而深入的研究,获得了理性的充分生长,这种理性保证他能够承担对一个时代的设计和推动。一些批评者们非常自信,以为一个读过书的人就比一般的平民具有更高的道德评判力。然而,在他们作出深刻的科学贡献之前,没有理由可以使我们相信他们的判断。

在大学里,我们为什么可以用科学来培养人?就是因为如果没有科学作为评判是非、优劣的标准,我们一无所有。思想在每个人心里是一种意志,其指归在其信念的目标。这是人与生俱来的自由,每个人都有自己的思想,都可以维护自己的思想与他人的差异。在社会生活中,一个人可以服从法律、公共秩序和纪律,他可以克制或被限制表达自己的意志,但是他绝对不可能不思想。如果他的思想不能在公开的交流中得到砥砺和印证,思想本身和思维能力就会相对萎顿,就会在现实的撞击和个人私欲的纵惑之下随意拾取未经反复检验的信念来代替自己的思想。但是由于思想的自由本质,所以一种思想统治不了另外的思想。"道不合不相与谋。"对于信念不同的人,不能用一种思想的规范去要求、检验和惩罚另一种思想。尤其是在现代社会,公共媒体(大众传播)系统把各种信息同时传达给各个人,每时每刻都有新鲜和未知呈现在人们面前,凭借哪一种思想可以来作出是非判断呢?我对自己不敢相信。

在信仰丧失的年代,有人皈依了宗教。我不信教,是个常人。而宗教徒不是常人,是信人。因为他们不仅可以接受一种未经自我检验而只是体验过的"真义",而且还可以在其他"真义"和"信念"同时呈现或先后出现时有足够的信心破斥和排拒,纵使那些信念也为人类的另一部分所秉持。对于这一切他们不作根本的怀疑。我对宗教历来崇敬,不是因为我服膺其教义,由于没有信仰就不能理解真正的教义,而且不曾皈依也不配与闻这一种宗教的至理,因此,教义的判断同时也就对我不起完全的作用。然而,我尊敬教徒,因为他们和我一样是人。这么多人,这么多代人崇仰的,我不由不崇敬。我敬信宗教就是尊敬信教的人。对普通人和我这种常人之不信教,不是宗教不高尚、伟大,而是我们太"愚顽"了。这种愚顽是现代社会的产物,也是它的人性特征。

独立的判断是需要通过不断的推敲、证明以获得一种印证的,而印证的最可靠的方式是在科学系统中以学识的形式体现出来。学识是指通过与本行业的专家以及其他行业的专家们交流自己的方法、验证自己的结论,从而不断检验和完善自己的能力。而学识的高低是需要通过学术来证明的。一个人如果只是掌握了一些专业技能,而对本行知识的局限性缺乏反省,对人类全部知识的基本状况缺乏感受,那么他只是个专家。一些专家由于他们专业的缘故,受雇从事不正当的活动,这样的事屡见不鲜。所以在学习阶段当以什么为本,是一个值得深思和不断提醒自己注意的问题,以防止自己由于情绪和欲望的干扰而偏离了学术的正途,达不到一定的高度。从某种意义上看来,与其去做一个蹩脚的专家,倒不如去当贩夫走卒来得朴实自然。

但是,明代朱柏庐《朱子家训》曰:"子孙虽愚,经书不可不读。"学者是必须的要求,专家也是过渡的必要。因为在专业科学训练中,算计性的原则至少保证了无论出现任何政治势力和经济处境的变迁,都不会影响其学业所养成的正误判断。如果"人生的是非判断"也不受政治和经济的干预而随便,不就是"学者"了吗?

古语道:"莫以善小而不为。"人间的正义永远是我们所关切的,但是,关切并不等于在你学习的阶段介入。固然,在生死存亡的关头,当舍生取义,死得其所,但是现在要时刻提醒自己不要因为道义的诱惑而忘记了自己的根本任务是学习,成为一个学者,具备理性是非判断的基础、能力和习惯。

先成为专家,然后努力成为学者,这件事并非是哪个教师或者哪所学校能够替你安排好一切的,关键是自己意识到这一点,并且不断朝着学者的方向努力。我想,目前你已经有能力,也有责任做到这一点。

我把自己读过的一本川端康成送给你,你在回来时请给我带回一本日文版的川端康成,而这本书须是你读完的旧书。

　　祝
行程遂愿

朱青生

2000 年 10 月 3 日

18. 关于科学的局限

写信时间
  2000年11月22日

主题
  科学的局限

关键词
  艺术 科学 理性 局限 追问
  无有的存在

内容提要
  1. 借助艺术对科学的局限进行反省
  2. 欢迎2000级新同学的演讲——《艺术:在科学之外》

收信人
  张昱琪

张昱琪:

上周二,北京大学 2000 级新生请我做了一个报告,主题是"关于艺术",我认为艺术与大学教育本来就没有必然的关系,但是,如果我们借助对艺术的讨论而对科学的局限进行反省,就不会为科学所限制,更不会被由科学发展出来的技术所宰割。因为现代技术已将人群进行了不可逆的分工,由此使人丧失了成为"人"的权利,而被迫成了某项技术的奴仆,成为一个脑力劳动者,所有的愿望和精明,在利益的催动下转变成重复、枯燥的劳动,而对其后果和副作用无意留心。技术本于人的松惰和占有的肉身作用,却以对肉身的实体——人的专门化、单调化、片面化的割裂为结果。这个问题,在率先发达的社会中,先知先觉早已言明,其代表如海德格尔、德里达和福柯。这个问题成为群众意识之后,历史学家和理论工作者谓之为一个时代 Postmodern(后摩登,中文常译为后现代)。而这个词最早是用于现代建筑观念,是现代艺术中首先显示和揭露的状况。所以任何现代人都不能回避艺术问题。艺术作为一种"无有的存在",根据质疑对象的不同而表现为不同的形式。而对技术的追问,是上述发达社会的思想成就。应该不应该对技术赖以成立的科学进行追问?纵使科学精神与技术有时是冲突的,科学家可能在某种程度上反对技术,但是,科学本身是有一定限度的,无论是自然科学、社会科学还是人文科学,都是人性的部分,在我们用这么多篇幅来讨论科学和理性的规范和方法之时,必须对这件事本身进行反省。所以我将这个问题所作的一个相关的报告写下。也许,从关于艺术的角度对科学的局限进行追问,是一个恰当的角度。

艺术:在科学之外

(欢迎2000级新同学的讲演　9月26日)

欢迎你们到北大来!

进入大学你们就是大学生了,大学生是一个研究的人,而不再是一个被动的知识接受者。因为我们的大学是断掉了太学的传统,而模拟欧洲的 university 制度来办的,所以我们不会不注意到现在你们已经是 student,这个词的语源是拉丁语的 studens,意指要"自我努力"(studere)和要"分析选择"(diligere)。这是对研究的人的要求,就是对大学生(student)的要求。所以我今天要像同事一样与你们一起探讨问题。

你们一定已经听过校长和其他教授的演讲,得到了许多如何在大学里学习的训导和建议,今天我要讲大学的限度,在大学里哪些东西是学不到的,也就是说,对于一个人来说,对于一个研究的人来论,仅仅有知识是不够的!

仅仅有哪些知识是不够的呢?

来上大学,就已经说明仅仅有中学的知识是不够的。中学所学的是常识,常识在古代称记问之学。也就是要把必要的两种知识掌握,文化是不遗传的,每一个个体都要从重新体认和记学人类有史以来的积累的常识,才得以生活(没有知识就不是生活而是生存,近于禽兽)。第一种必要的知识是对自己的身心、对人间、对世界的生活境遇的认识。到了中学毕业,知道生命的基本结构和机体的机能原理,宇宙的运行规律,物质的构成和运动,同时也知道地球及其生态的关系,知道物种的源起和人的诞生,以及不同的种族和不同文化的时代、地区和功绩;知道了人间的结构和行为限度与控制、调适和改造的原则和法规。第二种必要的知识是技能,当然不是猎取猛犸、观天导航、运筹布阵和技能,而是进入现代社会之后,进入生活和建设社会的基本技能。事实证明,不具备常识的人不能在人类社会中建设性地生活,所以,所有的国家都尽力将教育[一般是到初中(中学)教育]作为公民的义务,不仅国家有义务为每个公民提供教育的机会,而且每个个人有义务去接受常识。当然,你们是全中国接受过最好的中学教育的(高中可以看作为大学的准备,而不是直接的职业准备)。那么,我们为什么说中等教育是不够的呢? 因为,也因此人们办了大学。

你们来到大学这件事本身就是证明。

仅仅有大学的知识是不够的。大学所学的是科学知识、规范和科学的方法。在大学里讲授"知识的基础"和"专业的基本内容",

同时解释一般知识的来源、性质和建造的状况,也就是科学方法,对于一切学科都适用。依此,大学从教会和太学(国家干部培训基地)分离出来,成为现代知识和现代观念的本营。另外一方面,由于大学包含着培训专家的任务,所以有条理、有系统、有效率地传授各学科的基本内容常常占据大学生的主要精力和时间。由于社会分工的细致、学科知识的巨大积累和工作机会的激烈竞争,专业内容的教学越来越技术化,变成了一种"特务训练",为的是使学生完成学业后可以致用。而专家们对本学科中的成果追求越来越专精,比如我在海德堡有个邻居,因为测定了细胞膜上的电位差而获得诺贝尔奖;有个日本教授因为研究敦煌卷子上的朱点(用红色在墨迹旁句读、注释和补正)而获得国家人文科学最高奖。他们分别是生物学家和历史学家,而他们的课题与成果,以及他们的思路、方法和研究技术对一个青年学生来说,基本上不显现为"知识",更不显现为"知识的基础",容易使学生忽视基础的整体传扬而迷失在表面上有效(出成果)的表象中。

所以,要为科学家设立教授的位置,并要

求教授给本科新生讲授基础课,才可能揭开表象,让大家了解专业的基本内容。而大学开设通选课(北大),要求数理人文艺术(指艺术学)学分(美国大学),规定必修副修专业二门或第二主修一门(德国大学),不仅是为了教授专业(专业教学问题你们各自的老师会用四年或更长的时间来教导你们,我不必讲),而是为了强化基础,当然是指一般知识和基础。专业是人为的,根据学科的发展和知识的进步,专业会发生变化,有些扩展,有些萎缩,有些开生,有些灭闭。所以基础课程就为专业的变化作了准备。更何况一个学生在校的专业与其一生境遇不可能一贯,更多的生活的智慧和人生的展现不是靠专业知识,而是靠基本修养来支撑的。

一般的知识的基础在不同的时代有不同的范畴,在不同的地方也有不同的表述。我们在大学里一般秉承大学的传统,分为文科和理科。北大有两个专门的部门管理这两个方面,称为社会科学处和自然科学处。其他的院校又有理科与工科之分,在北大称为基础性学科和应用性学科。早在50年代,中国教育体制仿照苏联现行体制作过一次院系调整，把理工强行分开，比如将清华大学的文科系、理科系（基础性）并入北大，把北大的工科（泛指应用性学科）并入清华（如建筑系）或其他院校（如医学农学分出独立）。如今，中国正在进行大学合并，许多大学都能通过合并和创建，建立一个完整的大学。

文科分为社会科学和人文科学两种，大约可以比作工科和理科的区别，但是实际学科结构要复杂得多，是因为所谓文科者，是将研究者"人"自身也部分和全部地同时作为被研究的对象。

社会科学是指对人的现行活动（历时的）及关系（共时的）问题的认识和研究。这些问题的现实存在，并不是时态上的，可能是过去遗留的（历史上的），也可能是正在发生的，还可能是预先筹划的（预测的）。研究的目的是为理清现象、分析因果、设计对策、解决问题。社会科学自十九世纪以来发展极快，因为国家政府和社会利益集团需要社会科学的理论和成果以及社会科学家的智识和技巧。

人文科学是指对人的自我追问（人／我从哪里来？在干什么？到哪里去？）而生起的现象及观念的认识和研究。这些现象和观念常常并不实有,就是说不具备成形的现实存在(这里的存在指有形存在),是"无有"的。它是人类自我追问的结果,因为有了问题,才有了被问题问出来的对象。意大利人、美国人称之为"人道"或"人性",德国人称之为"精神",还有人称之为"心灵"。诸多的界定表明了人文科学的对象不可界定(不可名)性质,它是一种"无有的存在"。

一问之下而题生。人文科学就成为人类自我反省、自我认识和自我觉悟的理性方式。但是,无论是问者或解释者都在被问问题中混入了自我,所以,问与被问的关系的设定,就具有了意志,具有了"因何、为何、如何"(七何法之后三何)发问的自由。由于这种主观的意志和自由,使得人文科学的规范和实验手段(试验和测验成果的方法)变得非常微妙和有限,以至于不少学术系统中的学者宁愿将人文科学与自然科学完全分置。其实,这种分置表面上是对不同的学科方法的区别,内里却包含着对人文科学(同时常常包括社会科学)的科学合法性的怀疑,只不过为这种怀疑找到了一个合理的解释。如德国的 Schiel 首先将 J. St. Mill(穆勒)的 moral science

(道德科学)译成 Geisteswissenschaften(精神科学),后来由 Dilthey 整理解释为与自然科学并列的方法和知识领域。

科学的方法基于人的理性中算计部分,与思想并存。在西方思想史上,到了实证主义时期,对哲学的科学化努力,使希腊形而上学(意为用基本原则追求根本原因)的传统与科学分裂。哲学上出现的以经验和实验为根据的方向,进一步发展为分析哲学[对可以科学化的思维方法及其"度"(程度和限度)的算计]。但是,人的思想本来不必要根据什么,思想出于意志,指向信念(在宗教中归向信仰),即使是世界上不存在,过去和将来不可能存在的事物,也可以进入思维。而因人提问或由人思维产生的问题,这些问题变现为艺术、哲学、历史和语言现象,才成其为科学研究的对象。对于这些对象的研究就是人文科学,所以分析哲学确实如其所望,不再是纯粹的思想,而是关于思想的一门人文科学,在它之外,人类的思想依旧对无尽的宇宙和永恒的沉寂心驰神往。

有些学者按照意大利文艺复兴时期对于 l'umanesimo("人的",相对于神的)规范在英语学术界的用法,认为没有"人文科学",只有"人文学科"(而不是神学的赞颂祈祷、忏悔和信仰)。"人的"(Humanities,一般译为人文)就是上述的艺术、哲学、历史和语言。但是关于艺术的艺术史,关于历史的历史学,关于哲学的哲学家和关于语言的语言学和文学学则是各种科学。有一个逻辑的反诘,如果没有人文科学,何以有人文学科?学科二字所指为何?而文艺复兴时期对艺术、哲学、历史、语言的理解不同于现代英语此词所指的意义,因为那时被当作学问做,是有规律和准则可依的科学。

人文科学与社会科学,自然科学、(实用)技术科学构成了今日大学的知识,这就是我们近年来为自己的学生时时指导的教学内容(具体的科学方法和实验手段各门专业不同),但是,我今天是想预先提醒我的最年轻的同事、新同学们,仅仅有大学知识是不够的。

不够原因有两点:第一,大学里的知识已不能涵盖人类的知识;第二,人类的全部知识对人生来说是不够的。

关于第一点,以上陈述的大学知识结构,根据一般的说法,只是"书本知识",而社会生活上还有更多的"实践知识",比如在丛林中沿着狮子追逐野羊的小道猎取食物,或者在炎凉人间实现自己的志向等,这不是我要说的意思。我想就纯粹意义上的知识(而将实践知识作为技能)谈大学知识的局限。

大学知识本来是包容和开放的,它以优秀的人才、不断完善的结构(univer - 就是一体、全部之义)、客观的态度(实际上是理性)和周密的方法保证人类知识的发展与传承。但是计算机的出现和 Internet 信息系统的实现使大学丧失了"专断"的知识中心的地位。换句话说,有了"网",任何一个人在任何地方都可以获得他所需要的任何知识(此指纯粹知识)或对知识作出自己的贡献和补充。在其中,师生的关系正发生着变更(张昱琪你可看《关于教师》那封信)。所以大学已不再是最权威的知识场所,而只是一种最能显现变化的单位。大学是不可或缺的,但大学所负载、保存、整理、传授的知识是不够的。所以开始我称你们新生为我的最年轻的同事不是抬举各位,而是大学地位在计算机信息时代的变更,迫使我们重新定位师生关系,也交付你们更多的责任。

关于第二点,人类的全部知识对人生来说是不够的,知识之外还有经验(未到知识阶段的人的经历、体验及其记忆),还有感情、心灵,还有不可意识、描述和感觉的"人性全体"的其他部分。特别是人类的知识在现代突然爆炸性地增长,已经异化为一种非人的力量,任何个人在知识面前不晓得应该了解哪些,尽毕生之精力连一门学科的知识都不能完整把握,更何况学界门类之纷繁。人对知识的失控的感觉使人们在知识面前丧失了尊严,以前的世纪要求人们在神之前的谦恭,今天,人自己不得不在自己创造和发现的知识之前倍觉卑微。这种卑微不仅仅有如庄子"人生有涯而知无涯"的容量上的慨叹(毕竟"人生代代无穷已",个人不能掌握,指望同类可以共掌),而且现在知识已生成自我的力量,它构成的自律性和偶然性(无序性)使人面临知识如海,风高浪恶。

现代化的科学化和技术化特征使知识更快地膨胀,使现代化的根本目标——每个人的自主、独立、自觉、完满和幸福越来越难以攀达。现代化的理性方式成为现代化最高目的的敌人。就这个意义上来说,知识增多反而过犹不及，以至于对人们造成压抑，于幸福无益。所以，仅仅有知识是不够的。

在苍茫的知识海洋上，必须回港，使精神安得其家。精神家园可以借取于他人的思想与道德。历史上伟大的思想和庄严的教义都可收伏人心（知识之外的精神）。根据信念和信仰而解脱知识泛滥所造成的沉没和颠覆，才是一条复归人性之路。虽然归到他乡，但如果一个人能够相信和执持一种思想或教义，平安和幸福将一时降临于他。"但使主人能醉客，不知何处是他乡。"

一旦你发觉对某种思想和教义的执持不能解决自我的所有问题，你就不得不继续扯起风帆，追求自我的家园。在现代化的历程中，造就现代人的是知识，毁坏现代人的也是知识。人们只有依赖与生俱来的本性——自由与独立，去不间断地对任何现有的，哪怕是自我习惯的，并被实际得失证明是有益的"存在"质疑，面对问题，作出判断，作出抉择，并准备着为自己的选择承担责任。

现代，还有什么方式可以保持人的这种无所顾忌的反省，这就是"思"，cogito ego sum（我思故我在——笛卡尔）。还有什么活动支持这种反省不断地具备自我动力,那就是现代艺术,或者称作透过表面美感的本质的艺术——对不可知的干预。

　　以上是我的讲演稿,当我宣布结束时,同学们有些惊讶,他们觉得我还未开始讲艺术。也许我的讲演题目不必是《艺术:在科学之外》,而应是关于科学的局限。陈亮请我把这个问题写给你。
　　祝你
如意

朱青生

2000年10月7日起草

11月22日改完

19. 自我检讨

写信时间

1998 年 12 月 30 日

主题

自我检讨

关键词

匮乏　怅憾　先天不足　前程有限

内容提要

当选十佳教师后致北京大学学生会主席的信(兼后记)

收信人

北京大学学生会主席简易

北京大学学生会简易主席：

今天,你和副主席代表北大学生在台上向我们36位北大"最受学生爱戴的老师"鞠躬,作为十佳教师的一员,我不能轻易地说什么谦虚的话,因为这是北大同学和你所领导的评选组的一次判断,被选择者的过分谦逊会涉嫌对你们的公正和鲜明的怀疑。我们应该挺直,向你们说:我们担当得此。

但是已为教育奉献半生、功成名就的著名教授王楚老师、李守中老师、叶朗老师这样来表示他们对同学奖励的重视,与我——一个41岁的教师内心所包含的郑重大有不同。请允许我借此谢辞作一表述。

同学们也许会礼貌和友爱地认为我是一个"知识丰富"、"思想敏捷"的老师,而且工作极端投入,其实只是表面,内里却包含了两层隐情。何以造成了这种表面的现象和情状,我现在要将之表白。

其一,因为正在学习和进修,所以我与同学们是同学。

作为一个学人,我们这一代先天不足。1977年,在工厂里得到厂长的通知,差不多是收拾了工具,穿着工装去了考场,成为"文化大革命"之后的第一批大学生。可是之前已有十一年耽搁,小学、中学都不能读书。字词、数理、外语都是时段性教育,人在每个年龄阶段必有其不可代替的学习任务,过后不能弥补。进入大学,科学的学习从头开始,譬如外语,21岁始学第一门,26岁第二门,31岁第三门,36岁第四门,今年我正在学第五门外语,终是朝露待日,老大徒悲,虽再学也不精,缺而欲补,屡不能罢。我虽学历与北大无缘,但受教北大最多,在北大任教的十一年中,已选修课程27种。一次讲座之后,有位中文系的女生向我道歉,问其故,她说我随她班上听倪其心先生的乐府研究,她误以为我是外校来的进修生,曾颐指而气使。我还选过我过去学生的课来听,照样做作业。同时也希望其他教授莅临我的课,疑义相析。一位学生酷爱国学,我就准备陪他一起去上外语课,正可互为占座。有学生来舍下,看见我手边有生字本,上面登录日常新学之汉字。其实一点不奇怪,因为我与同学们同学。这是我的缺陷造成的特点,时时处在向学状态,而使同学感觉到了时时发自心得。所以我要向同学交代清楚,这种向学之心,正出于我们一代人的匮乏而补偿之隐情。这项功用,增添了同学的向学的心绪。而同学们本来不期补课,而能依然向学,当如何?不可量!

其二,因为前程有限,所以尽量传授学生。

学历的先天不足,反之则留给我们在人情世故方面更多的体验机会。从"文化大革命"到改革开放,我们从狂热地信仰革命,到开放地反省文化,再到周游世界留学取经,又到身处清简、冷观社会、反省人生,虽不能在科学领域兼学而后开创,但比一般纯粹学问中人稍广见闻,略知判断。我们一代人中,自然科学可能会出有造就者,人文科学和社会科学上则涉世太过,多有想法而难成学说。即使像我这样一进学校就再未离开的人,也在精神上受到的刺激太剧烈,现实工作的要求太迫切,二十多岁就要在社会上独当一面,再无暇一心一意深研沉思。目前既要了解本门学科的问题以贡献成果,又要为重建人文科学的基础设施和基本规范而耗尽心力。每天,日短以夜灯添长,汗尽以心血继续,也难当整个大学的"待兴"和整个学界的风潮之冲击。本难弥补的匮乏,又加上了许多杂乱,精力太多地耗费于组织与维持。为找到一个学生的专业教室,拿着主管教学的校长的批件,去有关部门谈了21次,现在又准备第22次谈话,主管部门的同事都愿意帮助,实在是没有办法。如果我这22次用在对专业问题的追索上……1996年我就开始设计多媒体网络开放教材,用以改良学生吸取知识的途径,使之不在课堂从一人之说,而在研讨课上磨砺方法,再在人类共用的信息网络上自由组合、吸取必要的最新知识。学校已给了尽可能的支持,但那还缺太多……学术后天失调使我常常怅看天下云起云涌,空有其心而已,然后只好拼命教学生。我把自己的见识、方法挟其怅憾,变本加厉地传给学生,希望20年后,你们这一代在我今之年可以成事,这就是我对教学投入的隐情。

剖白这两点,也是为了与同学交流,你们就了解我内在匮乏和怅憾。我想,我的境况在我同代人——正活跃于大学讲坛的中年教师里是有代表性的。让我们的学生更了解我们,将是今后我们进一步执教的基础,也是北大同学举行这样一种活动以促进教学,增加师生了解的愿望所在。所以在此我不仅要感谢北大同学的知遇,也要拜托你为我提供向广大同学解释的机会。

谢谢!

转致艺术学系学生会主席姚宏波、常代表倪丽慧

       艺术学系 朱青生
       1998 年 12 月 20 日

收信人跋语

　　这是 19 封关于学术规范和方法的信,是一位大学教师解答自己的学生提出的关于学习疑问的记录。针对的问题集中于如何遵从科学的规范和办法,完成大学作为理性保证的目标,建构并巩固自己的理性,同时认识并克服科学的局限,成为一个趋向完善的个人。信的写作历时 4 年,收信或质疑的学生也不固定,数年之间,或已远赴海外求学,或已进入社会工作,大多则至今仍在学校念书。其中很多人最初收信时刚入大学,如今已成为终身愿以学术为业的人。

　　写信初衷,本为教学,原来并无周密的写作计划,乃是根据学生问难而答,有些针对的还是个别同学的专门问题。信写成之后,起初也无出版打算。某一问题既已说明,每每有其他同学问及我们曾经问过的问题,朱老师则以相关信件解答,以免各个解释有所遗漏。同学有了新的问题,朱老师续以新信解释。于是不同的信件慢慢多了起来,累积至19札。我们看到信的同学,觉得很有用,于是以电子文本的形式转致自己的同学或朋友。朱老师的同事友人,多有在大学任教者,因各种渠道得信之后,赞其剖析清晰,转而推荐给各自的学生或友人。来去之间,信的流传范围逐渐大了起来。受益者日多,需求者渐长,很多人觉得信中谈到的问题,几乎都是中国大学学生碰到的共同疑问,而现有学校教育中,尚无专门教授此类知识的课程,于是将这些信件出版,给年轻的求学者介绍关于学术规范和方法的常识和意义,就逐渐成为一个意向。依出版要求,朱老师对部分信件作了增补,调整了先后顺序,但基本保持原貌,这才有了我们现在看到的这本小书。

书既成,依例需有一序。朱老师说,虽然他的很多同事比较推重这些信,但是考虑到这本书的主要读者,还是由我们这些曾经问疑收信的同学来写比较好,于是请我们各自写一段,镶嵌成序。为师长作序,本非我们所能。但在老师身边受教日久,旦夕受其理想鼓励,对此提议也就不以为诧异。兼或考虑到我们作为"当事人"的感受,可能同其他同学有着相通之处,于是有了下面这篇文字。但写到后来,言语渐多,多含故事,几近于跋,大不类序,遂用作跋。

  第 1 封信写于 1997 年 4 月 19 日(这一天正是朱老师 40 岁的生日)。其时,收信人刘平、刘子珍、冯华年、盛磊等人刚上大二,如同一般学生在大二都会对学校和学业有些失望和迷惑,朱老师于是写信解释了大学的性质和在大学应该遵循的学习方法和态度。他把自己为学生的一次奉献作为对自己生日的庆贺。当时的收信人现在已经毕业,各奔东西,而后来同学看后说:
  目前的中国教育所存在的缺陷导致中学教育和大学教育之间的严重脱节。一般的中学生对自己所要报考大学的建设情况基本无知,更谈不上对大学的性质、目的、功能和运作模式有什么概念了。中学教育除了负责训练应试以外,或者空喊几句"素质教育"的口号以外,基本上对塑造现代大学生没有作出任何预备性的贡献。跨入大学的文科生被突如其来的自由和宽松弄得无所事事,最后只有"托福"的残酷压迫才能稍稍使他们感到"昔日重现"。理科生则觉得大学和"高四"无异,于是,抱着"拼命三四年,幸福一辈子"信念呕心沥血。大学早在周代就是贵族子弟接受高级教育的场所,其目的是培养治国的君子;现代的大学(university)绝非低级的职业培训中心或者求职中介所,而应该是对追求科学理性这一人类最高价值活动的表达和实现。而作为一名求学者,我非常真切地感受到困惑却不知答案,可是如何回答这个问题,就是本书第一封信的内容所在了。(施杰)

第2封信讲阅读技术。在大学学习,阅读是每个学生的第一要务,文科学生尤其如此。此信解答如何面对信息技术发展所带来的信息量急剧增加,个人在信息海洋面前无所适从,如何迅速准确地拾取专业信息,了解学科发展的历史积累和最新进展,如何协调浏览和借阅读激发思维与磨砺思想二者的关系。关于阅读的两封信还阐述了科学阅读和思考阅读之间的区别和联系。

读书因目的不同而方法亦有差异。学会正确读书是走向科学学术的第一步。然而,面对浩如烟海的参考书,我们常会感到不知所措。因此,朱老师在《关于科学阅读》一信中特别强调了科学阅读的重要性。

首先,科学阅读的对象是学术论文或专著。这一点我们应该特别注意,由于这种阅读方式以快速获取有关专业信息为目的,因此并非适用所有的读书行为。另外,朱老师还提醒我们,当资料收集全,应该注意阅读顺序问题,要从出版年代最近的开始看起,同时关注本课题的阶段研究成果。

一篇论文往往是一部学术专著,令我们望而却步,怎样在短时间内决定是否能为我所用呢?朱老师在这封信中提供给我们在20分钟内对一本书作出整体评价的方法,即"八看"。一看作者。朱老师特别强调要注意作者在本学科内的学术地位,而不能以"名气"取人。其学术成果可从专著目录中了解。二看出版年代,原则上是出版年代越近越好,但也有特殊的情况。第三要看出版社的性质,朱老师特别提醒我们注意出版社在某一领域的权威性,这样我们可以在短时间内筛选出比较可靠的信息来源。四看内容提要,其重要性不言而喻。接下来我们要对其参考书目有所了解,包括其时限、范围及取向。第六要看书的目录,正如朱老师所言,目录是书的结构,反映了此书的性质,不应忽视。七看所熟知的相关段落,这样可以从局部看出整体的科学性。最后要看其结论,先浏览专著的最后结论,如果有必要还可深入各章节看其小结。在完成以上八步后,你就可以决定这个研究成果应该全文研读、部分研读、通览、选查还是备考了。朱老师自己常带我们精读原著,在艺术史方法课上,有一次一个下午只读了温克尔曼原版《古代艺术史》中的一句话,字字考证到极致。但是,他在信中是告诉我们如何选择该读什么。(赵媛)

关于科学阅读,每个准备和正在从事科研工作的人都在进行着,而其中以科学的态度对待阅读的人可能只占很少一部分。以前在查阅资料时,一般只要见到相关资料,都是等价对待,很少对其可信程度进行分类,更不用说先评判其是否为科学著作了。这就会忽视重点,不仅会浪费大量宝贵时间,而且由于重点资料没有认真阅读,很多有用的信息也未能被拾取。关于科学阅读的信,不仅促使

我对过去的阅读行为进行反思,而且对今后如何进行科学阅读更具指导意义。(杨爱国)

第3封信是朱老师专门写给刚刚进入专业研究生课程的同学的。

研究生入学时,朱老师在德国,于是写信汇报学习情况,老师回信从艺术史的"专业功夫"讲到思考阅读。信中辨析了科学阅读与思考阅读、个人与他人思想、科学与思想之间的关系,言之所及又自然解答了一些困惑:专业阅读中,本领域加速积累的信息是否仅仅是学术工作的职业工具;非专业阅读时乐于"好读书不求甚解",但怎么在分享、感叹前人言论的时候培养、保持追问和辩难的能力……信中例证了"读中思"、"读后思"怎样区别于科学阅读(而又吸取科学阅读的成果)而作为学问精进的方法和思想自我生长、完善、反省的门道。

"思考阅读"集于"学术的规范与方法"中,又显出另一层提示:既然"没有任何一个方法是一以当全,像一把利剑,仗之者可以横行天下……"(见《关于提问》一信)那么,根据特定的课题建构、检验、反思具体的方法,有

赖于科学的常识,亦有赖于思想的构架,而思考阅读正介其中。(盛磊)

我是从贵州大学外语系毕业后进入北京大学艺术学系学习的。在一个新的学校和新的专业中,我碰到了许多学习上的疑问。早在研究生面试之后,我就曾向朱老师请教过如何弥补专业知识不足的问题,朱老师为此曾专门找我谈过话,可惜当时并未记录下来。

第一次读到朱老师关于学习方法的信,是在入学后不久的1999年冬天。其时我和盛磊一起选修《历代名画记》精读课,远在德国的朱老师专门写信讲述"思考阅读"的方法,并叮嘱盛磊转致给我。朱老师在信中讲解了对古代文献中的关键语词的释读方法,十分清晰、完备,同时又指出了精读是求道的方法之一,令初入北大学习、心中混沌的我别见洞天。后来,我又就如何做读书笔记的问题请教朱老师,朱老师给我介绍了做卡片的方法,后又整理为更为详尽的《关于资料卡片Ⅱ【研究卡片】》一信。此方法既是对大量阅读所获知识的有效整理,又是以后进行专题研究的坚实基础,打破了我从前做笔记的陈旧方法:

做摘要和概述，既费时又不便查找。我在本科阶段的学习缺乏学习方法和学术规范的训练，在随朱老师上课期间，时常就这些问题请教老师，朱老师多次给我写信，详尽地解答了我在各方面的疑惑与困难。这些信一方面是对疑问的解答，另一方面也要求我们在学术研究上勤奋、严谨、科学、规范。这些信告诉我科学的方法，也增加了我求学的信心。（张丽）

第4封信是关于外语学习方法、外语的意义，这些都是普通的道理，即使外语专业的同学也会注意到信中的另外一些要点。

也许很少有人真正关注过我们母语中一些词语的确切性，朱老师在《关于外语》一信中特别地提醒了我们要以外语反观母语中存在的问题，以追溯词源的方式确定某一词在现代汉语中的确切含义。朱老师在信中提供了科学的方法，同时也指出了年轻学生应该思考的一些问题。

这十九封信包含的不只是方法上的指引，也是精神上的鼓励。在这个物欲横流的世界，朱老师平静地讲述着教师的价值，专家

与学者的分别,这些都给我们年轻学生一种无形的精神力量,激励我们在求知的道路上坦然前行。(赵媛)

第5、第6封信专门讲解两种不同的资料卡片(Ⅰ、Ⅱ)。

2000年3月,系里要发表我的一篇文章,但是其中有一个注在电脑中漏掉了页码,遍寻卡片而不得,最后只好到图书馆重新去查书。其时,我正在准备硕士论文,于是就此一并求教于朱老师。这就有了这两封信。朱老师在信中解释了不同类型卡片的用途和制作方法,使我以前对于做卡片不甚清晰的地方得以补正。

作为学生,记笔记、做卡片似乎人人都会。在美国的杨思梁博士曾经对我说过,"(在国外)这是中学生应该学习的",可不幸的是,像我这样的人,只有到了大学,甚或研究生阶段,才真正了解个中细节。看了朱老师的信后,我才真正明白了引得卡片和研究卡片的不同用途和制作方法,才学会了分开制作目录卡片和摘录卡片,免却了以前每张摘录卡上都要抄写繁琐的"出处"的辛劳。而信中阐述的确定"元素"的方法和原则,则再次提醒我们在讨论和思考的时候,必须时刻注意不同语境下、不同层次中,同一语词在指称、外延和内涵上的细微差别。

虽然"朝闻道,夕死可矣",但此类科学工作的基本方法,还是知道得越早越好。早知道一天,少走一天弯路。此信当可有助于后学者远离我曾走过的歧路。(彭俊军)

做研究卡片虽然是基础工作,但实际涉及建构每个人的思想的"书架"这个深层的问题。做研究卡片应该遵循什么原则,应该如何建立卡片与卡片之间的关系,朱老师在《关于资料卡片Ⅱ【研究卡片】》一信里解答了这些问题,举例说明具体的方法,并且强调弄清思考/问题的结构层次是解决问题的前提,做研究卡片便是帮助解决这个问题的手段。(冯华年)

第 7 封信是就数据库问题给助手的工作通讯。

1998 年至 2000 年,我参加了朱老师 1995 年来主持的"全文数据库"小组的工作。我们的工作目的是利用现有的计算机技术和资源,将我国的古代文献数字化,录入电脑,并将其纳入 Internet,无论是专家、学者,还是我们学生,都能方便地得到开放性的全文资料。这项工作的意义已被共识,欧洲、美国及我国台湾地区的学府和研究机构都在做,我们希望将来能将这些小库统一成大库,文献不但要全,还要精和准。数据库这项技术将带给我们文字的飞跃,也许还有文化的。(张弢)

现代的学术研究可以运用高科技带来的便利条件大大提高效率。全文数据库的开发和制作是一个重要的内容。在没有数据库的时代,学者必须也只能通过记诵或做卡片的方法来搜集、运用材料,所以一部高水平的著作往往需要几十年的时间才能完成。例如东汉的许慎花了 22 年完成《说文解字》,而清代的段玉裁为注释这部书就花费了 36 年的时间。所以,过去的学者皓首穷经才能在学术上稍有建树。虽然说学问只有靠持之以恒、脚踏实地地用功才能做得好,但是,现代信息技术带来的全文数据库却为学术研究带来了极大的便利。如果掌握了细致、周密的检索方法,那么在搜集材料上就有令人惊异的高效率。所以,全文数据库的开发,对一国学术水平有着非常重要的意义。尤其对那些刚处于学术起步阶段的青年学生来说,这种数据库特别有帮助。知识的积累,当然不是一个现成的数据库可以取代的,但是,利用数据库能够加速对材料的掌握和体会,有助于科研水平的提高。本书的第7封信就介绍了开发制作全文数据库的意义和途径。(施杰)

第8封信涉及学问之"问"字。

2000年4月,我和冯华年一起整理、编辑二战后西方现代艺术的资料。一日,忽收到身在德国的朱老师书信一封,要求我们在阅读过程中练习提问。初始并不在意,以为提问者,任人皆会(正常人在读书之后,总会有一些想法,其中很多就是疑问),及至展信阅读,方明白"提问不仅有学问中问学求知的动机,还有对课题的设置和解决方法的追寻,更有对精神成长的一种怀疑、辩驳和创造的积极鼓励"。有了对问题不同层次的理解,反观以前所提出的"问题",猛觉真正能称为科学"问题"者,并不多见。"提问"背后隐藏的精神是"疑",疑则有问。而怀疑精神正是现代人的标志之一。所以疑问的习惯不仅是一种学术的基本方法和态度,而且关涉个人精神的成长和完善。"人情练达,直指本性,就是从怀疑始。"不由忆及1997年朱老师在北大所作的《文人画研习》选课考试,参试者被要求阐述对某一问题的看法,而衡量的标准是:他/她的答案同朱老师的差别越大,则得分越高。此试也提出了勤于思考、勇于质疑的要求。总之,科学而频繁地提问不仅是求知者个人建构和整理个人思维之"书架"的利器,也是吸收西方学术传统和学术方法,建构中国现代学术应抱持的基本态度。(彭俊军)

第9封信是朱老师多年教学和研究工作中特别强调的问题,它产生于朱老师对自己专业的德国学派的反省,认为德国学术由于德语传统经常将科学与思想混合为"精神科学",使得许多问题难以澄清,于是,力主区别理性Ⅰ(算计性)和理性Ⅱ(思想性),前者严格用科学语言处理科学问题,后者则是用伦理、哲思和宗教的方式。

我是中途加入朱青生教授的研讨课的。

在此前我刚做完学年论文。其实起源很简单，我在听完朱老师的一次大课后，当时心有戚戚焉，于是就冒昧地在答疑时间向老师请教有关抽象主义绘画的问题，其对象恰巧是康丁斯基。朱老师听完我的陈述，鼓励我以此为题做一篇论文。现在回想起来，大概是老师当时记错了，误以为我是他研讨课的成员。而事实上我当时并不知道朱老师在那学期开了一门叫做"学期科研报告规范"的研讨课这回事。而我当时也发生了误解，以为老师想让我把对康丁斯基的想法做成一篇论文。虽然有点愕然，但是老师的鼓励令我感到有一股暖流涌上来，于是年少气盛的我便回去认真琢磨了三天，缀成一篇文字，在第二次上课时交了上去。老师正好要去德国开会，于是就沉寂了半个月。后来我再一次去上课的时候，老师说：我正在找你呢。他便给我一封信的手稿，并同时把那篇文章还给我。这封信就是本书中的《关于科学语言》一信。我读完这封信后，仿佛被当头棒喝了一下，滋味不太好。但是回味再三，觉得里面有一个极为重要的问题是我从未澄清过的：科学和思想的界限。我绝非天庭生智，此前也不曾有人教过我，于是遂成贻误。我决定接受老师的教授，便参加了研讨班，并且以康丁斯基为题重做了一篇作业。如果有时间，我希望能完全按照科学的规范完成这篇论文，作为对老师授业的感恩和答谢。

　　重发表感想、轻调查研究考证是很多大学文科生的通病。就我的切身体会，造成这种状况的原因有三：首先是小学、中学的预备性教育不到位，对科学概念的阐释比较肤浅或根本没有阐释，使得很多人把科学误解为一种枯燥的、无聊的技术性活动，从而下结论认为科学对人的塑造没有什么意义；而思想，则一直以一种貌似深奥的面目出现，对富有好奇心和使命感的青年学生容易产生诱惑力。其次，科学的训练过程是艰苦而长久的，是踏踏实实的，而思想则似乎可以在短期内就有成效。第三，时下流行的"非理性"、"后现代主义"等众多西方的现代批判理论被误解和简化，成为不少青年学生趋之若鹜的对象。当然，这些还不是根本原因，最主要的是，目前国内的大学教育没有对科学和思想两者的关系做根本的反思，而是放任自流。比如说在人文类院系，很少有教师在学术规范上严格把关,以至于学生对论文的科学性质没有清晰的概念,因此往往以思想性(甚至谈不上思想性)随笔滥竽充数,混个毕业完事。其实,科学规范并不难学,也许只在于老师的一记点拨,但是,假如没有从根本上弄清科学和思想的关系,就很难理解这个表面上只是形式,而骨子里却是观念的问题。本书的第九封信就从一篇思想性随笔出发,清晰地解释了科学规范和科学语言在大学教育中的特殊地位和意义,并对重思想、轻科学的片面倾向做了必要的反思和检讨。(施杰)

第10封信本来不是当时写就的,而是北大艺术学系第一届本科同学撰述学位论文时请教朱老师而得到的一个简要规范。

"不以规矩,无以成方圆。"科学论文规范是学术得以承载、交流、发展的必要保障。而在中国的教学实践中,对应有何种学术规范和为何以此为规范的问题,未给予足够的重视。我在北大读本科(国际政治)时,仅有一位留美博士曾强调论证的逻辑和科学的尺度,而详尽的论文规范再无老师提及。于是有学生从网上下载文章,稍做剪辑,便成为毕业论文,且居然得以高分通过,令人瞠目。

教师因各自的学术观点不同而对论文规范的认识殊异。一位国政系的教授叮嘱我不要用常人不懂的术语,要行文简明以至可道之于村姑;一位历史系的教授倡导立论要进入哲思层面,下笔要语出惊人;一位艺术学系的教授批评我论述拘谨,要放开思路、呈现文采。我曾将这些经历作为故事说与朱老师,并请教释惑。

朱老师将科学与思想作出区分,科学论文即对一个可以用科学的方式解决的问题按照科学的内在逻辑进行论证,科学的思维逻辑是论文规范的根据所在,并与思想和艺术的行文方式相区别。

我曾在网上看到哈佛的学术论文规范,为文理各科系共同依照,领域有别,而科学无差。北大欲跻身世界一流大学之列,则彰明科学的论文规范可为起点。(张欣)

第11封信不是通常意义上的信,而是朱老师对一个翻译工作的总结。其中,按顺序陈述了学术翻译的一些组织和技术规范。朱老师认为翻译不能算作科学研究(除了考释文字古本),而文学翻译是艺术再创作,所以学术翻译既要有效率,又要具备可信度。

1997年,我参加了朱老师组织的艺术史翻译工作小组。其时年轻气盛,心境一如朱老师当年持旧译稿见出版社主编,颇有砥砺英文、大干一场之豪情。兼之对组合译制的认可和信赖,故虽艺术史知识多所欠缺,仍踊跃参加。其间历时半年有余,工作之时,虑及"责任"二字之重负,他人监督之压力,不敢有丝毫懈怠。每遇疑问,必遍查书籍,若无以解,则问难于小组成员,集体讨论之结果,每每令我茅塞顿开,常为一词之得而大喜。而遍阅他人译稿,多有拍案叫绝之处,心有所悟之时,以之反观自己所负责的部分,常有所得。如此译毕,虽仍觉缺憾颇多,然毕竟经多人校核,心下稍安。历此一事,对"组合译制"愈加深赞,因它体现了科学工作的一个基本原则:经多次重复检验而近于"真",乃使人"信"。后每遇读译著万分难解,翻原文恍然大悟之时,常自叹曰:"若用组合译制,当不会存此硬伤。"

这封信不但记述了译书的经历和方法,

还记录了一个漫长的约会。3年前的今天,书译毕,我们曾聚于办公室外的大厅中。是夜月朗星稀,柔风漫送幽香,我们举杯期以20年之约,在精心选译原著的权宜之后,待吾辈游学归来,当会同各界力量,共撰艺术史!当日曾约定刻石为记,今夜思之,誓言犹在而碑铭未成,时光飞逝矣!(彭俊军)

第12封信是关于"注"。

几年前,我还在北大求学。虽与朱青生老师同处燕园,但我却是在一个偶然的机会里认识他的。老师的身边总聚着一些出于不同因缘的青年,他们多是在选修他的"现代艺术"课时萌发进一步挖掘老师的学识或老师本人的动机的。我则是经人介绍,那天见面时,整个下午老师都在给我讲什么是现代艺术,但我至今仍未弄懂什么是现代艺术。幸好两点:一是我并不是对艺术或现代艺术感兴趣才去接近他的;二是我发觉老师讲的现代艺术远远超越了我平时被告知的艺术概念。按我的理解,老师把最高境界称为"觉悟",这也超出了求学的范畴,而可以延伸到人生和求道的玄奥天地。

北大学子碰到自己看来不太可能懂的东西时,采取一种三个环环相扣的对待方式:一是努力理解;二是竭力批驳;三是对拒绝不了的欣然接受。现代艺术对我而言,一直处于第一个程序。所以我在老师面前甚少发问,而多在倾听。在一个已记不清确切日子的下午,老师讲到历史系的一位博士生在选修他的汉代图像与文献研究课程后感慨,这些学术的规范早在大一就应该得到训练,但他到读博士时才得以了解,真是不幸,而又万幸。这个课程属于与现代艺术问题完全不同的领域!在我追问之下,知道这些规范之中就包括当时正令我苦恼不堪的如何为论文作注的方式方法。当时我正在准备学士论文,遂趁机求之。当时老师手头并没有现成的讲稿,就把自己的博士论文交与我参照学习,并许诺将来一定给我信详谈个中要领。

这就是我所知道的本文及本书的最初缘起。当我收到这封信时,正是硕士论文的最后校改时间,其中的欣喜与感激自是不待细表。

老师在本书中的其他地方所谈到的大学学习的宗旨和目的,不外是自身修为的提高,而教师的责任则在于规范的训练。照此看来,我们的大学教育还有很长一段路要走,这也是我所理解的本书付诸印刷的直接动机,以及它的意义。(陈兴玛)

着手撰写一篇论文,做注释是个突出的问题。这好像没有什么可以教的,一般都是拿一篇范文过来,如法炮制。大学老师也不会把它当一回事拿到课堂上专门讲,似乎这是一件私下可以解决的事情。但是一旦真正做起来,就会发现没那么简单。例如,自己会发现所要注释的东西非常凌乱,所涉及问题的性质和层次各不相同,一股脑地堆在脚注栏里,颇像个超级市场。其实,一旦知道论文的注释不止有一种,就会自觉地进行必要的分类和梳理,例如,凡是涉及版本的注释放到那里,涉及科学推理的注释放到那里,等等,清晰准确,一目了然,心里也就踏实多了。(施杰)

第13、14封信不是同时写的,但问题是连带相关的。

1999年底,我突然收到商务印书馆郭红

编辑的电话,说是很快要出版朱老师的《没有人是艺术家,也没有人不是艺术家》这本书。因为自1996年我做朱老师"现代艺术"这门课的课代表以来,一直协助他做这本书的文字编辑工作,而彼时朱老师又在德国访问,只好由我来做最后的整理。工作中较为重要的一项就是做索引,涉及确定哪些为索引项和如何索引的问题。于是朱老师发来传真,为我解释这个问题。正如他在给同学的其他信中常常涉及什么是科学和什么是哲思的问题,在这封信里他从做索引的角度区别科学与哲思。除了索引的方法和价值在科学与哲思中的不同外,朱老师还强调了在一个体系中使用关键性词汇(索引项)时要考虑到的问题。语言是哲思的关键因素,商务印书馆的这本书基本上是一部哲思著作,所以这封信也讲到考察"一个词的构词理由和来源"的"四面法"。实际上这也同术语相关。在《关于术语》这封信中,朱老师从更广的角度谈语言问题(当然包括科学中的术语)。针对术语与一般性词语及专门词语的区别(即术语的本系统性),他提出在使用术语时用三种方法来加以区别;针对术语与外语的关系,他又提

出四种构造术语的方法。(冯华年)

第15封信论及的是每个学生最为关注的事情——考试。

我由北大国政系转而投考朱老师的研究生,然成绩欠佳。愁窘之余,曾写给朱老师一封短信以请罪。其中有这样的语句:"斯巴达的妇女对即将出征的战士说:要么拿着敌人的盾载誉而归;要么战死疆场,被自己的盾抬回故里。可我带着自己的盾孤独地回来,内心的伤痛不是来自对战场和死亡的恐惧,而源于对自身存在价值的质疑和对周围世界的焦虑。"可见我的心理困境。

不久,朱老师唤我至家中,拿出写给刘平(曾与我一同考研,现拟赴法留学)和我的信。信中述及朱老师对考试类型和功用的理解,这是在中国现行高等教育体制下一位教师的切身思考。作为这种体制下的学生,心有戚戚。读至信末一句"你们不要把考试成绩作为衡量学习成果的唯一标准,尤其不要让别人以考试成绩所作的评价左右你们对真理的追求",眼眶一热,顿觉豁然。

个体在社会中不可避免身陷外在标准和

内在追求两种人生评判尺度的夹隙,既要应对外在标准(为了生存),又不能为其所役(为了自由)。朱老师在此提出两难境遇中的现实人生方式,同时寄予对学生深切的期冀:无论处于何种境况,都能凭借理性做出选择,寻找属于自己的通往真理和幸福的路。这也是朱老师对现代人的阐释。(张欣)

第16封信关于教师,是一篇现代《师说》,收信人中有一个是清华大学的理工科研究生。

高中起,我对于多数老师照本宣科的授课变得失望。人的活生生的智慧怎么能灌注在这种授课方式中呢?于是我转而专注于学科竞赛,不久也意兴索然。人的价值难道就体现在显示自己在智力上高人一等吗?

进了大学,授课变为抽取梗概、讲解重点,没有完整的理路,更没有引人入胜的探索、追问,大多数老师的作用仅仅是告诉你教材里重点是什么以及如何准备考试。于是大学教育变成了在半睡半醒中听完一节节课,在糊里糊涂中通过考试、拿到文凭。我的问题更多了,然而没有人回答,最多得到这样的斥责:"你还是踏踏实实做一点科学研究吧,对这个社会才有切实的贡献,人文科学一点用都没有。"然而我还是不明白,就算是做科学,只需要读论文、做实验、发文章就行了吗?科学的技术化倾向使人变成了科学项目的奴隶,导师蜕变成了老板,学生又怎么办?那么,什么样的人配教我们,我们应当受到哪些方法论的训练以获得独立的研究能力?另外,人活过这一生的意义真只是为了得这个奖那个奖,出这本书那本书吗?科学训练是为了以后获得高薪和优越的社会地位或者便于在舒适的学术岗位上发表不够格的学术论文以凑数吗?这些是我的问题,然而好像没有人能给我一个清楚的回答。后来有了朱老师《关于教师》的信。

在这封信里,朱老师主要回答一个问题:网络时代教师何为。老师由传统的"传道、授业、解惑"谈起,讲到大学里不同教职的设置与标准,最后又回到教师的神圣职责:幸福的航灯。(陈亮)

第17封信是论述专家/学者的区别,为了解决一个同学的困惑。

半年前在北大结束了4年的本科生活,同时亦开始了3年的研究生生活,仍旧是从前的学校,仍旧是从前的专业,于我终点就是起点,新的亦仿佛是旧的,感觉应该是迈出了一大步,却又仿佛仍旧停驻在原地似的,心中有一种说不出的惶惑,不知道真正的这一步应该如何迈出,又迈向哪里。一开学,系里让我去日本研修半年,临行前与朱老师匆匆谈起自己的困顿:求学难道只是以学历在劳动力市场上取得较之其他人更高的标价的可能吗?只是被锻造成更熟练精密的社会零件的可能吗?求学的意义到底在哪里?

朱老师的信正是在我对方向依然迷惑不解的时候收到的。它给我指明了一个方向,更准确地说,是辨明了一个方向。专家与学者似乎是一个方向上的两点,又似乎是不同方向上的两极,两者之间的距离是一个认识的过程。认识方向,也认识自己。这个过程同时也是一种选择,亦不是一种选择,因为它不仅仅是朱老师信中告诉我的选择,是我在求学路上向前跨进一步时不觉的已然的选择,而且还是一个认真的"求学者"对"学"纯粹的必然的选择。我想这也不应当仅仅是朱

老师呈示给我一个人的选择,就像困顿不仅仅是我一个人的困顿一样。(王岩)

当我回顾自己的本科阶段时,发现过早进行专业化训练带来的恶劣后果:在应当开张大局、拓宽视野的时候,被学之即忘而且在研究生阶段还要重复学习的专业课程占去了宝贵的时间,这是教学单位对学生的不负责,也是珍贵脑力资源的浪费。我还发现了在身边的诱惑:慷慨激昂的批评者容易迷惑大众的判断力。然而当受过高等教育的人中的大多数以为应当发发牢骚甚至骂人来显示自己忧国忧民时,默默无闻的踏实的基础工作谁来做?在这个缺乏信仰的年代,有人欣赏甚至钦佩信教的人,以为他们至少有追求。对于一个不断追问的人来说,为什么非要执著于成功、利益才能心安,为什么不能以无所追求作为一种追求?这些问题我想过,但没想清楚,在整理朱老师的《关于专家与学者》一信的过程中澄清了一些。

在这封信中,朱老师谈了专家与学者的差别,对有志者提出了学者的要求。专家是学者的基础,但学者不仅止于此。学者不同于所谓的知识分子,他们是求道者。求道途中,先要经受严格的科学训练,养成对问题保持理性判断的习惯,包括对待信仰问题。而当对人对事也像对学问一样一丝不苟时,学者的品格就养成了。(陈亮)

第18封信《关于科学的局限》是一份讲演稿,后来寄赠给了清华的一位同学。

理工科的学生容易产生一个误解,以为文科不属于科学的范畴。然而从其历史的源流与所秉持的精神来看,文理科本属一宗,只是人性为了理解世界与自我而显现为不同方式。文理的分划显得过于粗糙,文科可分为社会科学与人文科学,理科又可分为自然科学和技术科学。作为人性中因对自身发问而生的人文科学,其研究的程度和算计的方式表明它确属于科学,并且因其引领人对人性的整体进行思考而具有重要的价值。然而,科学并非万能,人的存在也并非完全理性,在全面复归人性的道路上,现代艺术以其特殊的干预方式显示出独特的价值所在。

朱老师的后几封信,尤其是《关于科学的

局限》这一封,显示出他写作的旨归:在经历严格的科学方法的规范后,思想就有可能健全地展开。一个理性而又具备不断反省能力的人,他在抬头仰望星空或反观自身时,也许一种宁静而幸福的感觉就会油然而生。(陈亮)

在这封信里我不仅理解了科学的局限,也更多地了解了科学本身。科学作为人类理性发展的产物,是人性中非常重要的一部分。但是,剖析自己就可以发现并不是所有的问题都可以用理性来解决。我们的目标是到达幸福的彼岸,但却不能确定渡舟在哪里。这也是我所面临的问题。"不断地反省和发问"确实是一条达到"独立与自由"的途径,也许只有通过人性不断的完善,才能实现真正的幸福。(张昱琪)

第19封信是朱老师当选为最受学生爱戴的老师而对自我的反省,并以此答谢北京大学广大同学的盛情。

理想与现实的冲突哪个年代都会有,我不愿随波逐流,又害怕被时代所遗弃,于是只有惘然。

朱老师给了我一种解答,一种心灵丰富

的健康生活的可能,一种现代人的处世自立:固守该固守的,超然该超然的。"上帝死了。"我们无法再在什么信仰中获得庇护(现代人所获得的自由及其代价)。我们也许只有在理性的基础上树立一个现代人的行为底线,再依靠个人的努力争取到自身内心的安宁。后来觉得朱老师教什么课程无关紧要,从朱老师的"自我检讨"中得到启发才是关键。(卓佳旻)

我们都觉得,能让更多的人看到朱青生老师这19封信是一件可喜的事,因为这是一个机会,让更多有志投身学术的年轻人在起步时就意识到学术中科学规范的重要性。朱老师经常强调做学问要科学、严谨,只有有意识地运用学术方法与规范才能使科学学术成为可能,进而构造人类的理性精神。他自己是这样做的,同时也不忘教导学生科学地读书、思考、提问、写作等,而这一点却是我们不少年轻学生所缺少的。也许我们有天马行空般的思维能力,但我们却不懂得接受规则的制约,而且由于很少能接受完整的科学训练,引发了许多无谓的争论、说辞,

浪费了时间、精力和心智,甚至连真正的问题都提不出来!一位编辑非常恰当地概括了我们的意愿:

    我要将一百本书送给学友,因为觉得它提供的方法和观念是我们所能见到的最可信服的、最具创见的文字。我但愿他们比我提前认识到这种缜密、科学的学习方法和坦荡、独立、理性的知识人格,从而能够在纷繁浮躁中找到明晰的学问、人生之路。这也是我对自己的期望。(陈蔚)

2001 年 4 月 19 日

图书在版编目（CIP）数据

十九札 / 朱青生著. -- 北京：北京联合出版公司，2013.8（2021.10重印）

ISBN 978-7-5502-1855-0

Ⅰ.①十… Ⅱ.①朱… Ⅲ.①大学生－学习方法 Ⅳ.①G642.46

中国版本图书馆CIP数据核字(2013)第193311号

十九札

著　　者：朱青生
出 品 人：赵红仕
选题策划：后浪出版公司
出版统筹：吴兴元
特约编辑：李　伟
责任编辑：刘　凯
封面设计：周伟伟
营销推广：ONEBOOK
装帧制造：墨白空间

北京联合出版公司出版
（北京市西城区德外大街83号楼9层　100088）
天津中印联印务有限公司　新华书店经销
字数90千字　787毫米×960毫米　1/32　8.5印张
2019年11月第2版　2021年10月第6次印刷
ISBN 978-7-5502-1855-0
定价：26.00元

后浪出版咨询(北京)有限责任公司 常年法律顾问：北京大成律师事务所
周天晖　copyright@hinabook.com
未经许可，不得以任何方式复制或抄袭本书部分或全部内容
版权所有，侵权必究
本书若有印装质量问题，请与本公司图书销售中心联系调换。电话：010-64010019